KB262193

일치의 성사

일치의 성사
2013년 6월 초판
2017년 7월 재쇄
옮긴이 · 조규만/조규홍
펴낸이 · 박현동
펴낸곳 · 성 베네딕도회 왜관수도원 ⓒ 분도출판사
찍은곳 · 분도인쇄소

등록 · 1962년 5월 7일 라15호
04606 서울시 중구 장충단로 188(분도출판사)
39889 경북 칠곡군 왜관읍 관문로 61(분도인쇄소)
분도출판사 · 전화 02-2266-3605 · 팩스 02-2271-3605
분도인쇄소 · 전화 054-970-2400 · 팩스 054-971-0179
www.bundobook.co.kr

ISBN 978-89-419-1311-5 03230

일치의 성사

Sakrament der Einheit

성체성사와 교회

발터 카스퍼 지음　조규만 · 조규홍 옮김

분도출판사

1. '주'에 나오는 DH("Denzinger-Hünermann")는, Helmut Hoping의 도움으로 Peter Hünermann이 개정 · 증보 · 발간한 Heinrich Denzinger, *Enchiridion symbolorum definitionum et declarationum de rebus fidei et morum / Kompendium der Glaubensbekenntnisse und kirchlichen Lehrentscheidungen*, Freiburg - Basel - Rom - Wien 2001의 약어다. 그 외 문헌의 약어는 *Lexikon für Theologie und Kirche*, Bd. 11: *Nachträge, Register, Abkürzungsverzeichnis*, Freiburg - Basel - Rom - Wien ³2001 을 참조하라.

2. 본문에 나오는 인명만 색인 항목에 넣었다.

3. 인명의 원어는 색인에서만 병기했다.

4. 교부 시대 인명 · 지명의 알파벳 표기는 원서의 독일어 표기를, 우리말 표기는 『교부학 인명 · 지명 용례집』(하성수 엮음, 분도출판사 2008)을 따랐다.

5. 몇몇 주요 용어를 우리말로 통일시켰다.
   (1) Eucharistie, eucharistia: 성체성사
   (2) Eucharistische Feier, Missa, Herrenmahl: 성찬례, 미사, 주님 만찬
   (3) Gemeinschaft: 공동체(성)
   (4) Einheit: 일치 혹은 하나 됨
   (5) Ökumene: 교회일치(운동)

우리는 흠결 없는 세상에 살고 있지 않다. 일치는 깨지고 바닥났다. 대립과 갈등의 현실을 살지만, 그래도 구원과 화해를 향한 희망의 끈은 놓지 못한다.

성체성사와 일치, 성체성사와 교회의 연관성은 성경에 분명히 밝혀져 있다. 오늘의 상황에서 모든 그리스도인이 주님의 식탁에 모여 성체성사에 동참하는 것은 정녕 불가능한데, 이는 주님께서 몸겪을 깊은 상처이자 일종의 '스캔들'이다.

2004년 '그리스도의 성체 성혈 대축일'을 맞아 교황 요한 바오로 2세는 '성체성사의 해'를 선포했다. '성체성사의 해'는 2004년 10월 멕시코 세계성체대회의 개막과 함께 시작되어, 2005년 10월 성체성사를 주제로 한 세계

주교 시노드로써 막을 내릴 것이다.

성체성사의 해에 때맞추어 발간되느니만큼, 이 책은 신학적으로나 사목적으로 도움이 되어야 마땅하다. 따라서 이 책은 성체성사와 교회의 내적 연관성을 개인과 교회 전체의 삶을 통해 더 깊이 인식하도록 돕는 것을 목표로 한다.

첫 장章에서는 공동체의 전례 생활에 성체성사가 어떤 의미를 지니는지 밝혔다. 특히 내가 로텐부르크–슈투트가르트 교구장으로 활동하면서 생생하게 체험한 것들을 바탕으로, 오늘날 우리가 당면한 몇 가지 중요한 문제를 다루었다.

둘째와 셋째 장에서는 성체성사의 본질적 측면에 대하여 성경이 가르치고 전하는 바에 주목했다. 넷째 장은 2004년 울름에서 열린 '가톨릭 신자 대회' 때 행한 강연을 기초로, 성체성사의 교회일치적 측면을 더 넓은 지평에서 밝히는 데 할애했다. 우리는 일치의 새 시대로 이행하는 전환기를 살고 있다. 여정 중에 다행히 몇몇 이정표를 보았으나, 아직 목적지에 도달하지는 못했다. 교회일치를 위한 노력은 성장해 가는 삶의 일부다. 성장과 성숙

의 길에는 반드시 거쳐야 할 중간 과정들이 있거니와, 그
것은 성체성사, 곧 일치의 성사를 통해 신앙 공동체(교회)
로 집약되어야 한다.

다섯째와 여섯째 장에서는 신학적으로 심화된 성찰을
이끌어 내려고 시도했다. 다섯째 장은 성체성사의 풍부하
고 다양한 관점들을 성찰하는 데 토대가 되는 논문이며,
여섯째 장에서는 2004년 10월 세계성체대회에서 발표한
내용을 소개했다.

새 천년기를 맞아 요한 바오로 2세는 교황 교서 「새 천
년기」*Novo Millenio Ineunte*(2001)를 발표했다. 성체성사의 해
는 이 교서가 정립한 구호, '주님을 알아보라!', '주님과 함
께 새롭게 시작하라!'라는 사목적 전망을 더 강하게 각인
시킨다. 이는 성체성사와 밀접히 결합되어 있다. 성체성
사가 바로 그리스도의 현존을 가장 내밀하게 체험하는 통
로이기 때문이다.

요한 바오로 2세의 2003년 회칙 「교회는 성체성사로
산다」*Ecclesia de Eucharistia*에서 새삼 확인되었다시피, 성체
성사는 그리스도인 개인의 삶은 물론 교회 전체의 삶을
위한 원천이자 중심이며 절정이다. 이는 사목에도 고스란

히 적용된다. 교회는 선교를 통해 언제든 성체성사가 본질적으로 항상 존재해 왔다는 사실을 확신할 수 있도록 최대한 노력해야 한다. 이른바 교회는 "그리스도 안에서 성사와 같다. 교회는 곧 하느님과 이루는 깊은 결합과 온 인류가 이루는 일치의 표징이며 도구"(「교회헌장」 1항)인 것이다. 성체성사는 일치의 성사다.

끝으로, 이 책을 지난 10년 동안 교구장으로 활동하면서 함께 미사를 봉헌한 로텐부르크-슈투트가르트 교구의 모든 공동체에 바친다.

2004년 성 베드로와 성 바오로 사도 대축일에
로마에서
발터 카스퍼 추기경

차례

머리말 5

I. 미사와 전례 생활
난제와 해법

II. 빵을 떼어 나누자 예수님을 알아보았다
루카 복음 24장 13-35절 묵상

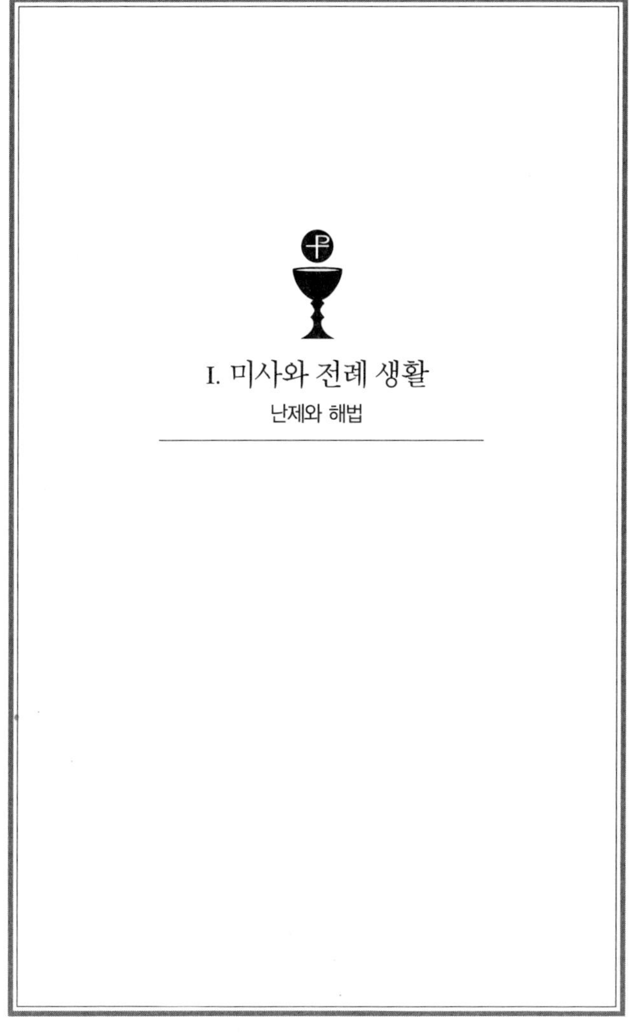

I. 미사와 전례 생활

난제와 해법

미사는 "그리스도교 생활 전체의 원천이며 정점"(「교회헌장」 11항)이다. 미사는 주님께서 수난 당하시고 죽으시기 전날 저녁 우리에게 남기신 위대한 유산이다(루카 22,19-20). 미사는 교회의 가장 값진 보물이자 심장이다. 교회의 모든 일은 미사를 중심으로 이루어진다. 개인의 삶뿐 아니라 교회 생활의 다른 모든 영역도 미사에서 힘을 얻는다. 사목의 성패는 미사 전례의 올바른 이해와 봉헌에 달려 있다. 따라서 저 '신앙의 신비'를 깊이 이해하고 그 뜻을 구현하려는 노력은 아무리 해도 부족하다.

1. 난제

본당 공동체의 사제와 부제, 사목 협력자들과 전례 봉사자들이 미사를 거룩하게 봉헌하기 위하여 얼마나 애쓰고 있는지 나는 잘 알고 있다. 전례의 거행을 책임진 모든 이에게 감사드린다. 우리는 전례를 더 깊이 이해하도록 노력해야 하며 그 의미가 삶 속에서 열매를 맺도록 힘써야 한다. 그래야 미사를 봉헌하는 기쁨이 다른 모든 이에게도 전해질 수 있다.

그럼에도 몇 가지 난제를 도외시할 수 없다. 해가 갈수록 주일 미사에 참례하는 신자가 줄어들고 있다. 주일에도 성당이 빈다. 미사에 참례하는 신자들도 전례문과 상징을 제대로 이해하지 못한다. 심지어 미사가 "우리의 구원이 이루어지는"(『전례헌장』 2항) 거룩한 사건이라는 사실조차 잘 모른다. 누구보다 젊은이들이 전례 용어나 형식을 버거워한다. 게다가 독일 가톨릭교회에 사제가 부족하여 본당마다 매 주일 미사를 봉헌하기가 현실적으로 매우 어렵다. 결코 사소한 문제가 아니다. 곤혹스럽다, 급박한 교회의 위기다.[1]

무엇보다 미사를 지금보다 훨씬 더 깊이 이해하는 것이 급선무라고 나는 생각한다. '신앙의 신비'에서 과연 무엇이 중요한 것인지 우리 스스로 마음과 지성을 다해 알 수만 있다면, 확신에 찬 신앙생활을 영위할 수 있을뿐더러 미사의 올바른 형식을 발견할 수 있을 것이라 보기 때문이다.[2]

2. 미사의 재발견과 이해

예루살렘 초기 공동체에 대해 성경은 이렇게 전한다. "그들은 날마다 한마음으로 성전에 열심히 모이고 이 집

저 집에서 빵을 떼어 나누었으며, 즐겁고 순박한 마음으로 음식을 함께 먹었다"(사도 2,46). 사도들이 활동하던 당시부터 신자들은 성찬례를 거행했다. 주일, 곧 '주님의 날'을 맞아 거행하는 축제와 주님의 만찬을 기념하는 성찬례는 처음부터 하나였다. 그 전례가 그리스도교 생활의 중심이자 특징이었다. 초기 교회 때부터 그리스도인으로 산다는 것은 '주님의 날(주일)을 지키며 산다'는 뜻이었다. 순교자들의 교회에서는 '주님의 날을 지키지 않으면 살 수가 없다'고도 했다.

'미사를 봉헌한다'는 것은, 우리 삶에 무엇이 중요하며 무엇을 지니고 무엇을 지킬지 성찰하기 위해 일상의 활동과 행보를 잠시 중단한다는 뜻이다. 주일 미사 때마다 우리는, 우리가 무엇으로 살고 무엇을 위해 사는지 되새기게 된다. 우리 자신의 힘으로 사는 것도, 우리 자신을 위해 사는 것도 아니다. 우리가 매 주일 함께 모이는 것은, 삶의 근원으로 날마다 체험하는 하느님의 선의를 찬양하기 위함이다. 우리에게 "길이요 진리요 생명"(요한 14,6)이신 그리스도를 선사하신 하느님께 감사드리고자 함이다. 매 주일이 '작은 부활 축일'이다. 미사 중에 하느님의 핵심적 구원 행위, 곧 예수 그리스도의 죽음과 부활을 체험하기 때문이다. 희망의 근거이자 원천이신 그리스도의 죽음과 부활은 바로 성찬례 때 그 자리에서 재현된다. 결국 성찬 전례를 통해 주님이신 예수 그리스도께서는 친히 우리의 현세와 영생을 위한 영적 양식이 되시는 것이다.

미사는 딱딱하고 슬프면 안 된다. 기쁘고 생기 넘치는 축제여야 한다. 따라서 미사에 참례하는 모든 이는 마음과 정신과 온 힘을 다하여 미사에 집중해야 한다. "주님께서 베푸시는 기쁨이 바로" 우리의 "힘"(느헤 8,10)이다. 우리는 미사를 축제처럼 거행하며 공동체 전체가 친교를 실현하는 기회로 삼아야 한다.

그러나 미사는 오직 미사여야지, 결코 어떤 '이벤트'가 되면 안 된다. 간혹 미사를 사교의 기회로 활용하려는 사람들이 있다. 미사 전례는 거룩하신 하느님, 성사를 통해 현존하시는 주님에 대한 경외심으로 거행되어야 한다. 미사는 침묵과 묵상과 기도와 하느님과의 인격적인 만남을 위한 공간이 되어야 한다.

미사는 수요 · 공급의 원칙에 따라 '특정 집단'의 욕구나 원의에 영합하여 행해지는 '서비스'가 아니다. 미사는 누군가의 이익·이념·취향에 따라 설정되어서도 안 되고 자기 목소리를 전달하는 수단으로 오용되어서도 안 된다. 미사는 어떤 목적을 위한 수단이 절대 아니다. 그 자체가 목적이다. 미사는 하느님의 영광과 인간의 구원에 봉사한다.

오늘날 우리는 미사의 의미를 새롭게 발견하고 해명해야 할 절박한 상황에 처해 있다. 이는 미사의 형식과 관련하여 우리가 그토록 열중하는 개별적 문제들보다 훨씬 더 중요하다. 그런 의미에서 전례문, 상징, 축일 등의 뜻을 밝히고 설명하는 '전례 교육'은 교회의 우선 과제라 하겠다. 전례 교육은 사목 활동뿐 아니라 공동체를 위해서도 필요 불가결하다. 전례 교육은 강론, 예비신자 교리교육, 신자 재교육, 각종 피정 강좌 등 다양한 방법을 통해서 이루어질 수 있고 또 그래야 마땅하다.[3] 단지 머리로만 아는 것이 아니라 마음 깊이 파고드는 전례 교육이 시류에 편승한 이벤트성 교육보다 훨씬 더 울림이 클 것이라 나는 확신한다. 수박 겉 핥기 식 단기 전략은 정작 중요한 것을 놓칠 위험이 있다.

3. 주일 미사의 본질적 의미

그리스도인이 된다는 것, 혹은 교회의 일원이 된다는 것은 주일 미사에 참례하는 것과 처음부터 하나였다. 그리스도인으로서 우리는 주님의 죽음과 부활로 세례를 받았기 때문이다(로마 6,3-11 참조). 미사 전례에는 주님의 십자가와 부활이 현존한다. 세례 받은 이가 주일 미사에 참여할 의무는 그리스도인이라는 내적 본질에서 비롯한다. '미사 참례의 계명'(교회법 1248조)은 이런 내적 의무의 외적 형식이다. 주일 미사에 참여할 수 없는 합당한 이유들이 물론 있다.[4] 합당한 이유 없이 공동체 미사에 참여하지 않는 신자는, 하느님과 공동체를 기피함으로써 하느님의 구원 은사를 스스로 포기하는 셈이다. 이 점, 결코 가벼이 넘길 수 없다.

미사의 본질적 의미를 고려할 때 주일 미사가 모든 공동체에서 거행될 수 없다는 사실은, 그리스도인으로 또 교회 공동체의 일원으로 살아가는 데 심각한 결함으로 작용한다. 이 문제에 대한 손쉽고 원만한 해결책은 없다. 우리는 미사의 참뜻을 퇴색시키는 잘못된 해결책들을 경계해야 한다.

부득이 주일 미사를 말씀 전례로 대신할 수밖에 없는 경우에도,[5] (성찬 전례가 빠진) 말씀 전례는 임시방편적 해결책에 불과하다. 부득이한 경우가 정상적인 경우처럼 습관화되지는 말아야겠다. 임시방편을 '전화위복'으로 삼아서도 안 되고, 미래를 위한 적절한 해법이라 여겨서도 안 된다. 그리하면 교회에 속한 가톨릭 신자로서의 정체성은 희생될 수밖에 없다. 이런 해결책을 취하기 전에 우리는 다른 온갖 가능성을 다 고려해야 마땅하다. 그래야만 우리가 주님의 유훈과 교회의 사도적 전통에 충실할 수 있을 것이다.

한 명의 사제가 더 많은 미사를 집전하는 것도 물론 해결책이 될 수는 없다. 미사 전례는 사제에게도 신앙의 정점이다. 정점이란 아무 때고 자주 오는 게 아니다. 한 사제가 주일과 의무 축일에 세 번까지만 성찬을 거행할 수 있도록 허가한 교회법 905조 2항은 그래서 의미심장하다. 나는 공동체가 이 규정을 존중하여 사제들의 육체와 정신을 지나치게 혹사하지 말 것을 요청한다.

사제가 부족해도 가급적 많은 공동체가 미사를 드릴 수 있으려면 본당 간의 유대가 무엇보다 필요하다. 어떤 공동체는 사제가 없어서 미사를 거행하지 못할 형편인데, 다른 공동체에서는 여러 대의 주일 미사를 거행하는 사태가 벌어지면 안 되겠다. 여러 공동체가 있는 도시의 경우 더욱 그러하다. 도시 공동체에서는 오히려 너무 많은 미사가 거행되곤 한다. 옛 그리스도교 관습에 따르면, 각 본당이나 공동체는 주일에 단 **한 대의** 미사를 거행함으로써 공동체 신자 전체가 한자리에 모이는 기회로 삼았다고 한다. 동방교회에서는 이 관습이 오늘날까지 유지되고 있고 우리 가톨릭교회도 19세기까지는 이 관습을 지켰다. 오늘날의 상황은 이런 옛 전통을 진지하게 돌이켜 보고 현실에 맞게 고쳐 적용시킬 계기를 제공한다. 우리의 사목적 목표는 되도록 많은 신자가 **한 대의** 주일 미사에 함께 참례할 수 있도록 하는 것이다.

사제들 간의 유대도 필요하다. 사제 한 명이 한 본당을 맡아 사목하거나 여러 사제가 한 본당에 살면서 각자 한 대씩의 미사만 집전하는 경우도 더러는 있지만, 여러 대의 미사를 혼자 힘겹게 집전해야 하는 사제들도 많다. 많은 경우 그들이 맡은 모든 본당에서 미사가 거행되기는 힘든 실정이다. 그렇다면 미사 대수나 시간을 조율하여 각 본당 간, 혹은 지구 간 균형을 도모할 일이다. 우리 사제들은 현재 맡고 있는 본당이나 특정 교구에 대한 사명만 짊어지고 있는 것이 아니다. 우리는 온 교회를 함께 책임지고 있다.

외부에서 도와주러 오는 사제를 흔히 '철새 신부'라 부르곤 한다니 유감이다. 이는 미사와 본당 공동체에 대한 오해를 조장하는 말버릇이다. 미사와 성사는 인간적 관계의 표현이나 고양으로 이해될 수 없다. 하느님의 구원은 공적으로든 사적으로든 결코 인간에게서 비롯되지 않는다. 하느님의 구원은 늘 우리 '밖에서' 그리고 '저 위에서' 온다. 이는 사제서품을 통해 모든 사제에게 동일하게 부여된 '성사적 표징'이다. 미사 집전은 결코 저버릴 수 없는 사제의 직무다.

어느 본당도 자신만의 힘으로, 자신만을 위해 존재하는 독립 공동체일 수는 없다는 점도 주지해야 한다. 각 본당은 타 본당 공동체, 교구, 세계 교회와의 유대와 일치에 힘입어 존립한다. '우리 본당'이라는 좁은 시야에서 벗어나 가톨릭교회의 보편성과 초월성을 깨닫게 해 주는 이가 외부 방문 사제다. 이따금씩, 혹은 규칙적으로 오는 방문 사제를 미사 시작 전에 한 번이라도 소개하고 나면, 그는 이미 '남'이 아니다. 그게 인지상정이다. 애당초 교회에 '남'이란 있을 수 없다. 그리스도 안에서 모두 형제자매일 뿐이다.

4. 세례 받은 이는 모두 미사에 초대받았다

대사제는 오직 예수 그리스도 한 분뿐이시다. 그분이 미사의 고유한 집전자시다. 미사 중에 그분은 성령을 통해 다양한 방식으로 현존하신다. 그분은 당신의 말씀으로, 빵과 포도주의 형상으로 현존하신다. 집전자의 인격을 통해서도 현존하시며 미사에 참례한 신자들을 통해서도 현존하신다(「전례헌장」 7항 참조). 제2차 바티칸 공의회는 교회 안에서 세례성사와 견진성사를 받은 모든 신자의 공동 '사제직'에 대한 가르침을 재천명하고, 모든 신자가 "거룩한 행위에 의식적으로 경건하게 능동적으로 참여"하도록 권고한다(「전례헌장」 48항; 참조: 11항, 14항, 50항). 이는 내게도 중요한 관심사다.

능동적인 참여를 외적 행위와 활동으로만 오해하면 안 된다. 무엇보다 공동기도와 성가 합창이 그러한 참여에 잘 어울린다. 미사 중 각자의 역할을 가능한 한 분담하는 것도 중요하다. 세례와 견진을 받은 평신도들에게는 '독서', '선창', '성가대', '신자들의 기도', '미사 해설', '빵과 포도주 봉헌', '복사' 등의 전례 봉사 직무가 허락된다. 그들은 모두 "깊은 신심과 바른 질서로" "진정한 전례 봉사 직무를 수행한다"(「전례헌장」 29항). 물론 그들이 부족한 사제들을 대신할 수는 없다. 그들의 봉사 직무는 세례성사와 견진성사를 통해 누리는 존엄성과 파견 소명의 순수한 표현이요, 전례 생활의 풍요로움이다.

5. 사제 직무

예수 그리스도는 군중들만 부르시지 않고 특별한 방식으로 열두 제자를 불러 세상에 보내셨다. 그분은 제자들에게 성찬례를 거행하도록 명하셨다. "너희는 나를 기억하여 이를 행하여라"(루카 22,19; 참조: 1코린 11,24-25). 부활하신 주님은 특별히 몇 명을 사도로 선택하여 세상에 파견하셨다. 사도들, 그들에게 안수받은 후계자들, 그들의 사제직 협력자들에게는 초기 교회 때부터 사제성품에 근거하여 미사 집전의 권한이 주어졌다.

사제직이든 미사 집전이든 그 권한은 '아래로부터', 공동체로부터 유래하지 않는다. 미사는 십자가와 부활을 통해 보이신 하느님 구원 행위의 '우선성'에 근거한다. 미사는 하느님께서 예수 그리스도를 통해 마련하시고 베푸시는 구원 은총의 충만한 표징이다. 그러므로 '앞서', '우선적으로', '밖으로부터' 그리고 '위로부터' 오는 구원은 본당 공동체에 파견되는 사제를 통해, 그리고 본당 공동체와 사제와의 관계 속에서 성사적 표징으로 표현된다.

본당 공동체의 다른 신자들과 마찬가지로 사제도 구원을 받아들이는 자다. 남들처럼 사제도 날마다 새롭게 하느님의 용서와 자비를 청해야 하고 그분의 도움과 은총에 의지해야 한다. 그러나 사제 직무를 수행할 때만큼은 공동체에 대해 교회의 '머리'요 미사 집전자이며, 성찬의 초대자요 주인이신 분을 대리한다.

사제가 '공동체 안에 있으면서' 동시에 '공동체와 마주하고 있다는' 이 긴장 관계는 사제 직무를 위해서도, 공동체가 공동체로 존립하기 위해서도 중요하다. 사제 없는 공동체란 그 자체로 모순이요, 사제 직무 없는 미사 전례는 불가능하다.

사제 직무는 미사 전례에 본질적 요소다. 이는 극단적 위기 상황에서도 유효하다. 수년간 혹은 수십 년간 사제 구경을 할 수 없던 극단의 박해 상황에서도 본당이나 개별 신앙 공동체가 사제 없이 스스로 미사를 봉헌했다는 이야기는 들은 바가 없다. 사제 직무를 대신할 수 있는 것은 사제뿐이다. 사제가 비교적 부족할 뿐인 오늘날에라면 더욱 그러하다.

성소 사목, 특히 사제 성소 사목은 그래서 내게 무엇보다 중요하다. 나는 젊은이, 부모, 교사를 포함한 모든 공동체 구성원, 특히 사제들이 표양과 격려와 충고로 사제 성소에 크게 기여해 주기를 바란다. 가장 중요한 것은 기도다. 예수님의 가르침을 마음에 새겨 "수확할 밭의 주인님께 일꾼들을 보내 주십사고"(마태 9,38) 기도하는 것이다. 우리는 '교회의 성소'와 관련된 교구 부서 활동과 '사제 성소에 관한 교황 문서들'에 힘입은 바 크다. 제2차 바티칸 공의회도, 교회가 기도하며 청한다면 주님께서는 당신 교회를 곤경 속에 내버려 두지 않으시고 미래에도 사제를 넉넉히 보내 주시리라는 믿음을 재확인했다(「사제생활교령」 16항 참조).

6. 평신도 사도직

제2차 바티칸 공의회와 공의회 이후 개정한 교회법은 평신도 사도직을 활성화시켜 교회에 이바지할 수 있는 기회를 열어 두었다.[6] 오늘날에는 과거에 비해 사제 수가 적어서, 자질을 갖춘 평신도들이 교구장의 특별한 위임으로 사제 직무를 적극적으로 도울 수 있도록 힘쓰고 있는 교구가 많다. 이때 평신도들은 추가 소임 없이 세례성사와 견진성사에만 근거하여 교회와 세상에 봉사하는 넓은 영역의 사도직이 아니라, 사제 고유 직무를 적극적으로 도울 수 있는 특별한 소임을 떠맡게 된다. 이 같은 특별한 소임도 세례와 견진에 그 성사적 근거가 있다.

본당 사무장이나 교구청 직원 같은 정규직 사목 협력자뿐 아니라, 사제가 부족할 때 도와주는 성체 분배자나 말씀의 교역을 집행하는 봉사직도 이런 소임에 해당한다. 로텐부르크–슈투트가르트 교구장으로서 나는, 이런 직분을 수행하는 평신도들을 높이 평가하며 그들의 참여에 깊이 감사드린다. 계속 꾸준히 봉사해 주십사는 격려의 말도 잊지 않는다. 이 같은 봉사는 미래에도 반드시 필요할 것이다.

로텐부르크-슈투트가르트 교구장으로서 나는 협력 사목, 즉 본당 책임자인 사제, 정규직과 명예직 사목 협력자, 본당 사목위원회의 유대 협력을 충실히 견지했다.[7] 이 같은 협력 사목은 직무를 위임받은 이들이 저마다의 개성을 고집하지 않고 각자 특성을 지니되 서로의 고유 직무를 인정하고 존중함으로써만 유지될 수 있다. 이 모든 직무는 동등한 가치를 지니지만, 그렇다고 다 같기만 한 것은 아니다. 사목 영역에서 현실적으로 모든 직무가 다 같지 않을진대 다들 같은 활동만 하려 든다면 혼란만 야기될 것이다. 협력 사목의 장기적인 성과는 각 봉사 직무 나름의 고유한 개성과 정체성을 명확히 이해할 때만 보장될 수 있다.

7. 복음 선포 직무

전례는 말씀과 상징 행위로 이루어진다. 미사 전례의 본질적인 구성 요소는 감사기도를 비롯한 각종 기도, 독서, 성경 말씀과 전례문을 해설하는 강론이다. 제2차 바티칸 공의회는 복음 선포의 의미를 분명히 밝히고, 복음 선포가 사제의 "첫째 직무"(「사제생활교령」 4항)라고 강조했다. 공의회는 사제를 실체 변화를 선포하는 성체성사의 집전자로만 보지 않는다. 사제는 신자들에게 성체성사를 통해 마련된 생명의 빵을 건네주기 전에 먼저 하느님의 말씀을 들려 줌으로써, 그들에게 생명의 양식을 주고 강하게 하고 격려하고 위로하고 삶의 방향을 정위해 주는 사람이다. 이로써 신자들은 구원의 식탁에 오롯이 참여할 준비를 하게 된다.

"미사가 구성되는 두 부분, 곧 말씀 전례와 성찬 전례는 서로 밀접히 결합되어 있어 하나의 예배 행위를 이룬다"(『전례헌장』 56항). 따라서 강론은 미사를 하나로 통합하는 "전례의 한 부분"(『전례헌장』 52항)이다. 강론은 사제품을 받은 미사 집전자나 부제품을 통해 탁월한 자격을 갖춘 이에게 주어진 직무다. 이에 교회법은 강론을 "사제나 부제에게 유보된 것"(교회법 767조 1항)이라 규정하고 있다.

교회법의 이 조항은 2세기까지 거슬러 올라가는 옛 전통에 근거한다. 이 전통은 당시 새롭게 시도된 신앙고백문에서도 발견된다.[8]

오늘날 사목 활동의 과부하를 호소하는 사제가 많은 줄 안다. 난관을 어떻게 헤쳐 나가야 좋을지 모르는 사제도 더러 있다. 특히 한 사제가 여러 본당을 떠맡기라도 하면 자신의 건강조차 챙길 여력이 없다. 더는 참아 달라는 말도 못 하겠고 그래서도 안 된다. 이 문제를 근본적으로 풀 수 있는 길은 사목 활동의 우선순위를 정하는 것밖에 없다. 이 점에 대해 신약성경은 중요한 지침을 내린다. 사제의 과도한 직무는 비단 오늘날의 문제만이 아니었다. 초대교회 사도들도 풀어야 했던 문제였다. 사도직과 직결된 문제였다. 당시 초대교회 사도들이 과도한 직무를 더는 감당할 수 없을 지경에 이르자 그들은 이렇게 결정했다. "우리가 하느님의 말씀을 제쳐 놓고 식탁 봉사를 하는 것은 바람직하지 않습니다"(사도 6,2). 그리하여 그들은 "평판이 좋고 성령과 지혜가 충만한 사람 일곱"(사도 6,3)을 뽑아 그들에게 그 직무를 맡기고 사도들은 "기도와 말씀 봉사에만 전념"(사도 6,4)하겠다고 말한다. 과중한 직무의 어려움을 남 못지않게 호소한(2코린 11,28) 바오로 사도도 복음 선포를 그의 첫째 과제(1코린 1,17)로 여겼다. 사제의 과부하를 덜어 주는 일은 필요하고 적법하다. 이 경우 복음 선포 직무가 우선적으로 보장되어야 한다. 이것은 오늘날에도 사제의 으뜸가는 근본 과제다.

사제가 정당한 이유로 강론할 수 없는 상황도 있다. 그런 경우, 합당한 능력을 가진 평신도가 신자들에게 복음 말씀을 전할 수 있다. 물론 사제의 강론과는 구별되어야 할 것이다. 나아가 '평신도 신학자'가 자신의 성숙한 지식을 어떤 방식으로 신자들에게 전할 수 있을지 진지하게 고민해 볼 필요도 있다. 미사 중의 강론 말고도, 평신도 사도직 종사자들이 전례 안팎으로 교회의 복음 선포 소임에 동참할 가능성은 얼마든지 많다.[9]

8. '말씀 전례'의 의미

어느 본당에서 주일 미사를 봉헌할 수 없어 텅 빈 성당 문을 닫아야 한다면 낭패가 아닐 수 없다. 미사를 봉헌할 수 없어도 본당 신자들이 함께 모일 수만 있다면, 그건 바람직하고도 권할 만하다. 하느님 말씀에 귀 기울이고, 함께 기도하며 성가를 부르고, 저마다 믿음과 희망과 사랑 속에서 강해지고 믿는 이들과 친교를 나누기 위해서는, 신자들이 한자리에 모여야 한다.[10] 예수 그리스도께서는 말씀 전례를 통해 말씀 안에 현존하신다. 중대한 이유 때문에 성찬례를 거행하지 못하는 본당의 신자들은 말씀 전례에 참여하는 것으로도 미사 참례 계명을 이행할 수 있다(교회법 1248조 2항). 말씀 전례를 인도할 평신도는 교구장 주교의 규정에 따라 본당신부와 사목위원회의 위임으로 선발된다. 말씀 전례도 교회 전례의 일종이므로 교회 전례 규정을 따라야 한다. 말씀 전례를 미사와 혼동하지 않도록 각별히 유념하자. '작은 미사'라는 인상을 주는 것은 어쨌거나 피해야 한다.

주일 말씀 전례는 가치 있고 구원 효력도 커서 권할 만하지만 성찬 전례를 근본적으로 대신할 수는 없다. 주일 말씀 전례는 본당 주일 미사와 겨룰 만한 실질적 대안은 못 된다. 주일 미사를 한 번밖에 봉헌하지 못하는 본당에서 말씀 전례를 두 번째 미사 격으로 '제공할' 수는 없는 노릇이다. 차라리 주일 미사와는 별도로 아침기도와 저녁기도를 바치는 것이 뜻 깊고 바람직하다(「전례헌장」 100항). 시간경도 공동체의 신앙을 다지는 데 큰 도움이 된다. 한 본당 공동체의 미사 형식이 성찬 전례뿐이라면 좀 허전해 보일 것이고, 성찬 전례가 미사의 정점이라는 사실도 알아채기 힘들어질 것이다.

9. 평일 미사

주일 미사는 평일 미사라는 '화환'으로 둘러싸여 있어야 한다. 평일 미사는 소박할수록 더 깊은 뜻을 담아 거행하는 것이 가장 중요하다. 본당마다 평일 미사를 갈망하는 신자들이 있을 것이다. 그들을 실망시키거나 모른 척해서는 안 된다. 평일 미사 참례자는 그리 많지 않다. 그러나 그들은 공동체의 상징이요 대표자다. 평일에도 미사를 알리는 종이 울리고 성당 문이 열려 있다는 것은, 평일 미사에 참여할 수 없거나 참여할 뜻이 없는 신자들에게도 상징적 의미를 지닌다. 이 또한 우리의 일상 속에 교회가 현존하는 한 방식으로, 결코 과소평가할 수 없다.

확신하건대, 평일 미사 집전은 특히 우리 사제들의 영성 생활에 매우 중요하다.[11] 사제로 산다는 것은 곧 미사를 집전한다는 것이기 때문이다. 그리스도인들이 미사에 참례하지 않고 주일을 보낼 수 없듯이 사제들도 규칙적인 평일 미사를 봉헌하지 않고 매일을 보낼 수는 없는 것이다. 사제들이 미사를 '필요에 따라서만' 봉헌한다면, 사제가 존재하는 본디 이유가 뭐냐고 묻지 않을 수 없다. 평일 미사는 거듭 숙고됨으로써, 많은 경우 새롭게 봉헌되고 체현되어야 한다. 나는 절박한 마음으로 다음과 같이 조언하는 바이다.

축일과 대축일에는 성대한 저녁미사가 축제처럼 봉헌되어야겠다. 이런 날이 공휴일인 적도 있었다. '천주의 성모 마리아 대축일'(1월 1일), '주님 봉헌 축일'(2월 2일), '재의 수요일', '성 요셉 대축일'(3월 19일), '주님 탄생 예고 대축일'(3월 25일), '성 베드로와 성 바오로 사도 대축일'(6월 29일), '성모 승천 대축일'(8월 15일), '위령의 날'(11월 2일), '원죄 없이 잉태되신 복되신 동정 마리아 대축일'(12월 8일) 등이다.

평일 미사를 봉헌할 수 없는 본당에서도 매일 말씀 전례나 공동기도 형식의 전례가 거행되어야 할 것이다. 이를테면 아침기도, 저녁기도, 끝기도, 성체 조배, 묵주기도, 십자가의 길, 묵상기도 등을 함께 모여 바치면 좋겠다. 미사가 공동체의 '유일한' 전례 행위가 되면 안 된다. 교회가 다양하고 풍부한 전례 형식들을 꾸준히 다듬어 가는 것이 새삼 중요하다. 특히 장례 같은 예기치 않은 예식, 학교나 단체의 축제, 참여자들의 상황을 고려한 여타 행사에서는 착실히 준비한 말씀 전례가 미사보다 오히려 더 적절한 경우도 많다.

10. 미사는 교회의 축제다

  우리는 미사를 혼자 사사로이 봉헌하지 않는다. 미사는 하느님 백성이 어느 한곳에 모여 함께 드리는 찬양이요, 감사며, 희생이요, 잔치다. 미사는 세상 곳곳에서 미사를 봉헌하는 모든 공동체와 우리를 하나로 결속시킨다. 특히 우리는 미사 때마다 전체 교회의 가시적 중심인 교황과, 교구 내 모든 본당의 화합을 책임진 교구장 주교와 일치를 다진다. 미사를 통해서 교회는 거룩하고 보편되며 사도로부터 이어 온 하나인 교회로 현존한다.

  이런 일치는 현세를 넘어서도 산 이와 죽은 이를 결속시키고, 천상의 전례를 통해 마침내 성인들과 완전한 일치를 이루는 순간까지 이어질 것이다. 미사와 교회는 시대와 장소를 불문하고 떼려야 뗄 수 없는 관계를 맺고 있다. 바오로 사도는 미사와 교회와의 결속을 그리스도의 성체로써 인상 깊게 표현했다. "빵이 하나이므로 우리는 여럿일지라도 한 몸입니다. 우리 모두 한 빵을 함께 나누기 때문입니다"(1코린 10,17). 제2차 바티칸 공의회도 아우구스티누스 성인의 가르침을 인용하여 미사를 "일치의 표징이고 사랑의 끈"(「전례헌장」 47항)이라고 선언했다.

따라서 미사는 각 본당이나 소공동체 차원에서 봉헌되고 마는 전례 행위가 아니다. 사제는 개별 교회나 각 본당의 특별한 '미사 지향'을 초월하여 전체 교회를 염두에 두어야 한다. 미사를 통해 다양한 신자들을 하느님의 한 백성이자 한 가족으로 일치시키려고 노력해야 한다.

미사는 집전자나 참여자의 개인사가 아니다. 미사에는 본질적으로 서로를 결합시키는 질서가 존재한다. 제2차 바티칸 공의회 전례 개혁 이후의 미사는 창조적 형태를 띨 여지가 훨씬 넓어졌다. 나는 미사 형식을 새롭고 다양하게 바꿀 수 있는 가능성이 아직 충분하다고 생각한다. 물론 바꿀 수 없는 부분도 있다. 가령 감사기도는 개인의 재량에 따라 바꿀 수 있는 영역에서 단연코 제외된다. 성찬 전례만큼은 규정대로 준수되어야 한다는 것은 단순한 법적 문제가 아니라, 모든 경계를 넘어 온 세상 교회가 미사를 통해 한결같은 유대를 맺게 하려는 의미가 있다.

최근 몇 년간 전례에 대한 관심이 꾸준히 증가하고 있다니 나도 기쁘다. 제2차 바티칸 공의회는 "거룩한 전례를 증진하고 쇄신하는 열성"을 "우리 시대에 하느님께서 섭리하시는 안배의 표징"(「전례헌장」 43항)이라고 설명했다.[12]

II. 빵을 떼어 나누자 예수님을 알아보았다

루카 복음 24장 13-35절 묵상

예수 그리스도를 알아본다는 것은 무슨 뜻일까? 우리는 그분을 어디서 어떻게 알아보는가? 그리스도인들에게 이는 매우 절실한 물음이다.

1. 엠마오 체험

이 물음의 답은 성경에 나온다. 예수님이 수난을 당하신 주간의 첫날에 두 제자가 예루살렘을 떠나 엠마오라는 마을로 가던 중 예수님을 만났다(루카 24,13-35 참조). 그들은 거의 3년 동안 매일 예수님과 함께 지냈다. 그분의 설교를 들었고 그분의 기적을 지켜보았다. 그러나 과연 그들은 진정 예수님을 알아보았을까? 예수님의 행적을 진정 이해했을까? "그들은 눈이 가리어 그분을 알아보지 못하였다"(루카 24,16)는 말씀에 따르면, 그렇지 못한 것 같다. 위험에 처하자 도망쳤고, 이제 실망하여 집으로 돌아가고 싶은 것이다.

그들은 길 위에서 슬픔과 실망을 토로했다. 예수님이 온 백성의 기대와 희망을 채워 주시어 하느님 나라를 이 땅에 실현시켜 주시리라 고대했건만, 상황은 전혀 딴판으로 흘러갔다. 대사제는 예수님을 넘겨 십자가형을 선고받도록 했다. 이 모든 일이 사흘 안에 다 벌어졌다.

예수님이 이제 그들에게 다시 나타나셔서 그들이 비통해하는 까닭을 물었을 때, 마음은 애통과 실망으로 가득하고 공포와 근심으로 허물어져 도무지 예수님을 알아볼 수 없었다. '그들의 눈이 가려졌다.' 심지어 예수님이 "성경 전체에 걸쳐 당신에 관한 기록들을 그들에게 설명해"(루카 24,27) 주시고, 하느님의 뜻에 따라 그 모든 일이 이루어졌음을 풀이해 주면서 그들의 마음을 타오르게 하셨건만(루카 24,32 참조), 그럼에도 그들은 예수님을 알아보지 못했다.

그러나 예수님께서 그들과 함께 식탁에 앉아 "빵을 들고 찬미를 드리신 다음 그것을 떼어 그들에게 나누어 주셨을"(루카 24,30) 때 비로소 그들의 눈이 열려 그분을 알아보았다. 그 순간 그들의 슬픔이 기쁨으로 바뀌었다. 그들은 들뜬 마음에 예루살렘으로 달려가 예수님을 만난 일을 다른 제자들에게도 전해 주었다. 예수님이 빵을 떼어 나누어 주실 때 비로소 그분을 알아보았다는 말도 잊지 않았다.

2. 교회의 증언과 엠마오 체험

두 제자의 엠마오 체험은 훗날 다양한 방식으로 전파되고 반복되었다. 사도행전은 예루살렘 초대교회의 공동체 생활을 전하는데, 이 첫 신자 공동체는 날마다 함께 모여 서로 빵을 나누어 먹었다고 한다(사도 2,46 참조).

주일 미사에 참례하는 사람들을 '그리스도인'이라 불렀다고 증언하는 초대교회 문헌은 많다.[1] 순교 성인 안티오키아의 이냐티우스 주교는 그리스도인이란 주일을 지키는 사람이라 했다.[2] 비그리스도인들의 증언에 따르면, 그들은 주일에 함께 모이는 것으로 초대교회의 그리스도인들을 알아보았다고 한다.[3] 디오클레티아누스 황제 박해 시대에 아비티나 지방 순교자들은 심문관에게 이렇게 대답했다. "우리는 주일에 함께 모이는 것을 그만둘 수 없습니다. 우리는 주님의 만찬 없이는 살 수 없습니다."[4]

박해 시대의 그리스도인들은 주일 미사가 그들의 정체성을 확인시켜 준다고 믿었다. 주일 미사는 그리스도인들이 살아갈 힘을 얻는 원천이다. 예수님이 최후 만찬 때 말씀하시고 행하신 것이 미사에 현존하기 때문이다. "이는 너희를 위한 내 몸이다"(1코린 11,24; 루카 22,19). "이는 많은 사람을 위하여 흘리는 내 계약의 피다"(마르 14,24; 참조: 마태 26,28).

이 말씀으로 예수님이 뜻하신 바는 이러하다: '이 빵과 포도주가 곧 나다. 나는 너희와 모든 이를 위하여 내 몸을 기꺼이 내줄 것이다. 너희가 빵과 포도주를 봉헌할 때마다 나 또한 거기에 함께 있을 것이다. 그 모습으로 나는 나를 너희에게 내줄 것이며, 너희 가운데 있을 것이다. 빵과 포도주의 상징을 통해 너희는 나를 알아보고, 내가 누구인지 또 너희에 대한 내 사랑이 얼마나 큰지 알아보게 될 것이다. 빵을 나누어 먹고 포도주를 나누어 마시는 가운데 너희를 위해 살고 죽은 내가 누구인지 드러나기 때문이다. 나는 너희와 함께하고, 너희에게, 너희를 위하여 나를 내주는 이다.'

이로써 예수님은, 우리가 어떻게 그분을 알아보고 체험할 수 있는지, 또 어떻게 그분께 다가가게끔 이끌어 주시는지, 하는 물음에 몸소 대답하셨다. 이는 엠마오의 두 제자가 얻은 답과 다르지 않다. 우리는 빵을 떼어 나눔으로써, 곧 성체성사를 거행함으로써 예수님을 알아볼 수 있다. 미사 중에 우리는 그분이 누구이며 우리를 위해 무엇을 하셨는지 알아볼 수 있다. 교부 레오 대종은 이렇게 가르쳤다. "그리스도에게서 볼 수 있었던 것이 이제 성사로 옮겨졌다."[5]

3. 현대인의 엠마오 체험

미사는 "그리스도교 생활 전체의 원천이며 정점"(「교회헌장」 11항)이다. 주일 미사에 참여하는 신자가 점점 줄어드는 현상은 우리에게 경종을 울린다. 이는 믿음이 흔들리고 사랑이 식어 가고 있다는 뜻이다. 우리는 예수님의 사랑에 묵묵부답이다. 그것이 얼마나 뻔뻔하고 감사할 줄 모르는 태도인지, 그 때문에 우리가 얼마나 죄짓고 있는지 알지 못하는가? 혹자는 "그렇지만 시대가 변했잖소"라고 말할 것이다. 그렇다, 우리는 초대교회 그리스도인이 아니다. 그렇다고 현대의 상황이 본질적인 면에서 정녕 그리도 다른 것인가?

이따금 예수님이 멀리 계신 듯, 아예 아니 계신 듯, 이미 돌아가신 듯 여겨질 때도 있다. 엠마오의 두 제자처럼 우리도 자신의 문제, 계획과 기대, 일상의 근심과 좌절에 함몰되어 삶에 정작 중요한 게 무엇인지 생각할 겨를이 없다. 일상이 우리를 독점하여 주일은 챙기지도 못한다.

그러니 예수님은 안중에도 없다. 제 문제만 보인다. 그 모든 것을 속 깊이 삭이지도 못한 채 겉으로만 멀쩡한 척한다. 예수님이 길동무 되어 주시니 우리는 혼자가 아니다. 이 얼마나 좋으냐! 그분은 우리의 탄식과 호소를 그저 듣기만 하는 것이 아니라 함께 나누신다. 빵을 떼어 나눔으로써 인간적 고통과 죽음을 우리와 함께 나누고 부활의 새 생명을 선사하신다. 두 제자에게 그러셨듯이 우리에게도 당신을 내주시고, 더불어 위로와 희망, 기쁨과 행복까지 나누어 주신다.

4. 엠마오 체험의 교훈

빵을 떼어 나누자 예수 그리스도를 알아보았다는 것은, 우리도 빵을 떼어 나눔으로써, 즉 나누고 베풂으로써 서로가 그리스도인임을 알아볼 줄 알아야 한다는 뜻이기도 하다. 초대교회 그리스도인 이야기는 괜한 소리가 아니다: "신자들은 모두 함께 지내며 모든 것을 공동으로 소유하였다"(사도 2,44). 일용할 양식을 함께 나눌 때만 성체성사의 빵도 나눌 수 있다. 초대교회 그리스도인들은

"만인을 사랑했고 만인에게 박해받았다. […] 그들은 가난했지만 많은 이를 부요하게 만들었다. 그들은 갖은 궁핍 속에서도 풍요로웠다."[6]

그리스도의 성체 성혈 대축일에는 주님의 희생과 사랑을 기려 거리와 광장에서 성체 거동이 행해진다. 성체성사의 의미가 우리의 일상을 파고들어야 함을 일깨우는 예식이다. 최후 만찬 식탁에서 성체성사를 세우실 때 예수님이 품은 뜻을 우리도 깊이 새겨야 한다: '너희를 위하여', '모든 이를 위하여'. 예수님이 우리를 위해 당신 자신을 내주신 것처럼 우리도 다른 이들을 위하여 우리 자신을 내주어야 한다.

우리 자신과 우리 삶을 내주라는 것은 현대인에게 낯설게 들릴 만한 메시지다. 현대사회는 주는 것보다 받아 챙기는 데 더 익숙하기 때문이다. 넉넉히 받을 수 없기에, 한번 확보한 재화는 끝까지 지키려 든다. 그래서 모든 것이 정체되고 말았다. 스스로도 흐르지 못하고 남의 흐름도 막아 버렸다. 이런 이기적 고착은 생명이 아니라 죽음의 표징이다. 생명은 사랑에서 나오고, 생명을 내주는 자만이 생명을 얻을 것이기 때문이다(마르 8,35 참조).

우리는 빵을 떼어 나누시는 예수님의 모습에서 영감靈感과 동인動因을 얻어야 한다. 새삼 나눔과 베풂을 배워야 한다. 온정과 연대감과 나눔과 자비의 새 문화가 필요하다. 현대사회에서 그것은, 인간으로는 생존의 문제이며 그리스도인으로는 신뢰성의 문제다.

주일 미사를 통해 예수 그리스도 알아보기, 성체성사의 참뜻에 따라 우리 자신을 그리스도인으로 고백하기, 그것이 우리의 모토가 되어야 한다. 그러면 우리도 초대 교회 공동체처럼 즐겁고 순박한 마음으로 빵을 떼어 나눌 수 있다(사도 2,46 참조). 하느님의 사랑은 예수 그리스도를 통해 우리에게 전해져 우리의 삶과 세상을 새롭게 하는 원천이 될 것이다.

III. 성체성사 안에 계시는 예수 그리스도
요한 복음 6장 묵상

1. 생명의 빵

요한 복음 6장은 광야에 모인 군중에 대해 전한다. 광야는 아무것도 자라지 않고 아무것도 얻을 수 없는 땅이다. 주리고 목마른 곳이라 오래 있을 곳이 못 된다. 그들은 먹을거리를 넉넉히 준비하지 못했다. 보리빵 다섯 개와 물고기 두 마리가 전부였다! 장정만도 오천 명이 넘는데, 이 많은 사람에게 그것이 무슨 소용인가? 턱없이 부족하다. 제자들은 예수님께 사람들을 빨리 인근 마을로 돌려보내는 게 좋겠다고 했다. 그러나 사람들은 예수님의 말씀에 따라 자리를 지켰다. 과연 그들은 실망하지 않았다. 다들 배불리 먹었다.

당시 사람들은 몹시 가난했다. 위정자에게 버림받은 느낌이었다. 그들이 예수님을 약속된 '예언자'요 대망의 '메시아'라고 믿었음은 이해할 만하다. 하여 그들은 기적을 본 후 예수님을 "억지로 모셔다가 임금으로 삼으려"(요한 6,15) 했다.

인간은 '결여된 존재'다. 먹을 것과 입을 옷과 살 집과 할 일이 필요하다. 요즘은 옛날보다 더 많이 배워야 한다. 크게 보면 이 모든 것이 '일용할 양식'이다. 오늘날에도 이 '일용할 양식'을 충분히 누리지 못하는 사람들이 여전히 많다. 현실 감각이 뛰어나신 예수님께서 이 궁핍을 모르실 리 없다. 그분은 이렇게 기도하라 가르치셨다. "오늘 저희에게 일용할 양식을 주시고"(마태 6,11; 루카 11,3).

그러나 예수님은 또 다른 굶주림, 완전한 생명에 대한 굶주림도 알고 계셨다. 그분은 카파르나움 회당에서 사람들에게 가르치셨다: '너희는 빵을 먹고 배가 부르니까 나를 찾는구나. 너희는 썩어 없어질 빵을 구하려 힘쓰지 말고 영원한 생명을 주는 빵을 구하려 힘써라. 일용할 양식을 필요로 하는 굶주림은 잦아들 수 있겠지만, 또 다른 굶주림과 목마름이, 곧 일용할 양식으로 채워질 수 없는 궁핍이 있다. 일용할 양식은 일순간 채워질 뿐이다. 그러나 영원한 생명에 대한 굶주림은 그로써 채워지지 않는다.'

꼭 오늘 우리에게 하시는 말씀 같다. 과연 저마다 세속의 굶주림을 달래고 일상의 욕구를 채우기 위해 동분서주한다. 그들은 삶이, 먹고 마시며 적당히 유복하게 재미와 쾌락을 추구하는 것 이상의 의미를 지닌다는 사실을 애써 잊고 싶어 한다. 잠시는 좋을지 몰라도, 그런 것이 참삶에 대한 주림을 해소하거나 항구한 행복을 가져다주지는 못한다. 현대인들은 또 다른 광야에서 살고 있는 셈이다. 아우구스티누스 성인은 『고백록』에서 젊은 날의 방황을 이렇게 토로했다. "나의 하느님, 당신 안에 편히 쉴 때까지 내 마음 불안할 뿐이옵니다."[1] 오직 하느님만이 우리 마음의 갈망을 온전히 채워 주시고 참삶에 대한 주림을 잠재워 주시기에 넉넉하신 분이다.

2. 구원은 예수 그리스도 안에서

초대교회 사람들에게 이런 종교적 차원은 자명했다. 영원한 생명의 문제는 그들에게 너무도 익숙한 것이었다. 그래서 예수님이 **"나는** 생명의 빵이다"(요한 6,48)라고 대놓고 말씀하셨을 때 일단은 당황스럽고 불쾌했다. '나는 ~ 이다'라는 예수님의 어투는 요한 복음서의 특징이다: **"나는** 세상의 **빛이다"**(요한 8,12), **"나는** 길이요 진리요 생명이**다"**(요한 14,6). '너희가 정녕 찾고 구하는 것이 빵이요, 빛이요, 생명이요, 진리일진대, 그것이 바로 나다' ― 예수님은 이렇게 말씀하시고 싶었던 것이다.

그리스도교 신앙은 현기증이 날 만큼 아득히 높은 데로 오도하는 사변思辨과 거리가 멀다. 그리스도교 신앙은 고차원적 신비 체험에서 얻어지는 인식이 아니다. 오히려 그 반대다. 우리가 하늘 높은 곳으로 올라가는 것이 아니라, 하느님께서 세상에 내려오셨다. 그분은 몸소 "사람이 되시어 우리 가운데 사셨다"(요한 1,14). 우리 가운데 계시니 죄지음만 빼면 모든 면에서 우리와 똑같으시다(히브 4,15 참조). 하느님의 모습을 지니셨지만, 자신을 비우고 종의 모습을 취하시어 십자가 죽음에 이르기까지 순종하셨다(필리 2,6-8 참조).

그리스도교 신앙은 교의敎義 체계가 아니라 구체적인 한 인격체, 예수 그리스도를 지향한다. 그가 '터무니없는 주장'을 하므로 사람들은 불쾌했다. '요셉의 아들인 걸 우리가 다 알고 그의 어머니도 익히 아는 판국에, 이자는 어찌 감히 자신이 하늘에서 내려온 하느님의 아들이라 참칭할 수 있단 말인가?' 복음서는 사람들이 "수군거렸다"(요한 6,41)고 전한다. 그래서 훗날 바오로 사도는 십자가에 못 박히신 그리스도가 "유다인들에게는 걸림돌이고 다른 민족에게는 어리석음"(1코린 1,23)이라고 말했다.

당시의 '수군거림'이 오늘도 그치지 않는다. 지금이 더하다. 하느님의 사람 되심을 믿지 않는 이들이 여전히 많다. 그들에게 예수님은 선인의 한 전형일 뿐이다. 하느님의 사람 되심은 신화로 치부된다. 혹자는 하느님이 예수님을 통해서뿐만 아니라 다른 많은 이를 통해서도 당신을 드러내신다고 확신한다. 그들도 타종교에서는 구원자로 추앙받는다. 예수 그리스도를 통해서만 구원이 이루어진다는 것은 오만하고 배타적인 주장일 뿐이라는 것이다.

복음서는 이 같은 태도에 단호히 맞선다: "하느님은 한 분이시고 하느님과 사람 사이의 중개자도 한 분이시니 사람이신 그리스도 예수님"(1티모 2,5)이다. "그분 말고는 다른 누구에게도 구원이 없다"(사도 4,12). 그리스도만이 생명이요 생명의 빵이시다. 영원한 생명에 대한 인간의 절박한 갈망은 하느님이자 인간이신 그분 안에서 일거에 충족되었다. 따라서 진실로, 영원히, 궁극적으로 생명을 채워 주실 분은 바로 예수 그리스도 한 분이시다.[2] 그래서 우리는 이렇게 대영광송을 노래한다: "홀로 거룩하시고, 홀로 주님이시며, 홀로 높으시도다!". 그리스도의 성체 성혈 대축일 찬미가는 이러하다: "기뻐하라, 시온아! 우리 구원자를!", "찬양하라, 시온아! 길 잃은 양을 찾아오신 너의 목자 구세주께 감사와 기쁨을 드려라!".

3. 성체성사에서 드러나는 예수 그리스도의 실재성

복음서는 한발 더 나아간다. 예수님은 "나는 생명의 빵이다"(요한 6,48)라고만 말씀하시지 않고, 당신을 생명의 빵으로 주시겠노라 하셨다: "누구든지 이 빵을 먹으면 영원히 살 것이다. 내가 줄 빵은 세상에 생명을 주는 나의 살이다"(요한 6,51). 이 말씀으로 유다인들 사이에 말다툼이 벌어졌다. "저 사람이 어떻게 자기 살을 우리에게 먹으라고 줄 수 있단 말인가?"(요한 6,52). 예수님의 말씀이 도저히 믿기지 않아 그들은 수군거리며 말다툼을 벌이다가 더러는 떠나기도 했다.

말다툼은 교회사 속에서 면면히 이어졌고 오늘날에도 여전하다. "이는 내 몸이다", "이는 내 피다"(마르 14,22 이하; 공관복음서 병행구)라는 최후 만찬 말씀을 그저 상징적으로만 이해하려는 시도가 늘 반복되었다. 그러나 분명히 그분의 말씀은, '이는 내 몸을 상징한다'가 아니라, '이는 내 몸이다'였다.

신학사적으로 '~이다'라는 연계사는 숱한 논란을 불러일으켰다. 감각적으로 경험되는 예수 그리스도의 속세적 몸과 피가 성체성사의 관건은 물론 아니다. 카파르나움 회당에 모인 사람들은 예수님을 그런 식으로 오해했다. '몸과 피'를 사실적으로 해석하는 시각을 흔히 '카파르나움의 오해'라 부른다. 그렇다고 해서 그분의 말씀을 단순히 상징적으로만 이해해서도 안 된다.

이 두 오류에 맞서 교회의 가르침은 성사적 이해를 확고히 견지한다. 보고 만지고 냄새 맡을 수 있는 것은 빵과 포도주다. 그러나 예수님 말씀을 믿을 때 우리는 성령의 활동을 통해 우리의 감각을 벗어난 진정한 실재[3]는 빵과 포도주가 아니라 '예수 그리스도의 몸과 피'라는 사실을 알게 된다. 이것이 바로 예수 그리스도께서 우리를 위해 당신 자신을 기꺼이 내주셨다는 성경적 의미다. 그렇다면, 감각적으로 지각되는 빵과 포도주의 형상은 현재적 시점에서 그 실재성을 확인시키는 표징이자 새로운 실재성, 즉 부활하시고 고양되신 주님의 실체적 상징이 된다. '이는 내 몸이다', '이는 내 피다'라는 예수님 말씀은 이러한 성사적 의미로 이해해야 한다. 또한 예수 그리스도의 '실제적 현존'Realpräsenz 또한 이런 성사적 의미에서 운위된다. 그분은 빵과 포도주라는 표징을 통해 참되고 실재적이며 본질적으로 현존하신다.[4]

성체성사를 실제적 현존으로 이해함에 있어서 가톨릭 교회와 정교회와 루터교회의 신앙고백은 일치한다. 지난 수십 년 이래 우리가 이런 공통점을 새삼 의식하게 되어 다행이다. 풀리지 않은 문제들이 있긴 하지만, 교회일치 운동은 어느덧 한층 가깝게 다가왔다.[5]

성체성사의 신비를 더 깊이 이해하려고 다각도로 노력해 왔지만 아직도 '신앙의 신비'로 남아 있다. 성체성사의 신비도 '강생의 신비'도 이지적 이해를 불허한다. 그러나 이 두 신비의 내적 연관성은 알아볼 수 있다. 이 두 신비는 서로를 근거 짓고 밝힌다.[6] 강생은 성체성사 안에서 매번 새로운 성사적 방식으로 이루어진다. 안티오키아의 이냐티우스 주교는 그것을 확연히 인식했다. 그는 강생을 '가현적'이라 여기는 이들, 성체성사를 '가현적'으로 이해하는 이들과 맹렬히 싸웠다. 그리하면 모든 것이 허상 속으로 사라지게 될 거라고 그는 말했다. 결국 구원도 허상일 뿐이고 한바탕 속임수와 거짓에 지나지 않을 것이다.[7]

토마스 아퀴나스는 아름다운 성체찬가를 남겼다. "엎디어 비나이다. 눈으로 보아도 알 수 없는 하느님, 두 형상 안에 분명히 계시오나 … 보고 맛보고 만져 봐도 알 길

없고 다만 들음으로써 믿음 든든해지오니 …."[8] 인간 지
성으로는 이 신비를 풀 수 없다. 믿음만이 유일한 열쇠다.
"우러러뵈올수록 전혀 알 길 없삽기에 제 마음은 오직 믿
을 뿐이옵니다."[9]

4. 영원한 생명의 양식, 예수 그리스도

빵은 구경거리가 아니라 먹을거리다. 성체성사도 우리
에게 먹을거리로 주어졌다. 예수님은 최후 만찬 때 "너희
는 이를 받아 먹어라"(마태 26,26) 하고 말씀하셨다. 카파르
나움의 회당에서도 "내 살을 먹고 내 피를 마시는 사람은
영원한 생명을 얻고, 나도 마지막 날에 그를 다시 살릴 것
이다"(요한 6,54) 하고 말씀하셨다.[10] 우리가 지상에서 취한
양식에서 자양분을 얻고 강건해지듯이, 예수 그리스도께
서도 영성체를 통해 우리 안에 들어오시어 그분이 우리
안에 계시고 우리가 그분 안에 있다. 그래서 영성체가 중
요하다. 가장 내밀하게 예수 그리스도와 친교하며 인격적
일치를 이루고 그분과 하나 되는 것이다. 교부들은 이를
사실적으로 표현했다. 그들은 우리가 영성체를 통해 그리
스도를 몸에 입고 그분의 몸과 피가 된다고 가르쳤고,[11]

영성체로써 그리스도와 하나 되는 것을 초 두 개가 녹아 하나로 합쳐지는 것에 비유했다.[12]

이러한 인격적 일치를 통해 예수님은 실제로 우리의 영적 양식이 되신다. 사는 동안 우리를 먹이시고 강하게 하신다. 영혼의 상한 것을 낫게 하시며 우리 죽을 때도 기꺼이 양식이 되어 주신다. 성체성사는 천상 잔치 음식을 미리 맛보여 준다. 안티오키아의 이냐티우스 주교는 성체성사를 "불사약"*pharmakon athanasias*[13]이라 했다. 리옹의 이레네우스 주교도, "성체성사에 참여함으로써 우리 몸은 사멸하지 않을 것이니, 이는 우리 몸이 영원한 부활의 희망 속에 있기 때문"[14]이라 했다.

이 깊은 '신앙의 신비'를 성찰하면, 성찬례에 앞서 인격 정화의 상징으로 발을 씻겨 주는 행위(요한 13,4-11)가 이해될 수 있다. 바오로 사도는 성체성사의 빵을 일상의 빵과 구별하고 자신을 돌이켜 보라고 경고한다. "주님의 몸을 분별없이 먹고 마시는 자는 자신에 대한 심판을 먹고 마시는 것"(1코린 11,29)이기 때문이다. 교부들도 매번 그렇게 경고했다.[15] 동방 전례에서 주교나 사제는 영성체에 앞서 신자들에게 이렇게 말한다: "거룩한 것을 거룩한 이들에게". 중세 신학자들은 영적 영성체에 대해 언급했다. 그들은 성체를 몸으로만이 아니라 영적 믿음의 태도로 받아 모셔야 한다는 것이다. 성체를 손으로 받아 모시느냐 입으로 받아 모시느냐는 중요하지 않다. 손이나 입이나 죄짓기는 매한가지다. 중요한 것은, 영성체를 경외심과 믿음과 정갈한 양심으로 모시는 것이다.[16]

성체성사로 맺어진 공동체는 형제애로 맺어진 공동체보다 더 의미심장하다. 그것은 예수 그리스도 안에서, 예수 그리스도와 함께 나누는 가장 친밀한 공동체다. 아무리 중요하고 좋고 깊어도 인간적 공동체만으로는 생명에 대한 허기를 잠재울 수 없다. 그 자연적 한계는 길어야 죽을 때까지다.

부활하신 예수 그리스도와 함께하는 성체성사 공동체는 죽음의 한계를 뛰어넘는다. 성체성사 공동체는 주님이 함께하시는 천상 공동체를 미리 맛보고 앞당겨 누린다. "오, 거룩한 잔치여, 그리스도께서 양식이 되시는 식탁이여, 그분 수난의 기억과 충만한 은총과 천상 영광의 담보로다!"(그리스도의 성체 성혈 대축일 제5기도 「성모의 노래」 후렴).

IV. 교회일치와 성체성사 공동체

미래 전망

그러나 이제, 한때 멀리 있던 여러분이 그리스도 예수님 안에서 그리스도의 피로 하느님과 가까워졌습니다. 그리스도는 우리의 평화이십니다. 그분께서는 당신의 몸으로 유다인과 이민족을 하나로 만드시고 이 둘을 가르는 장벽인 적개심을 허무셨습니다. … 십자가를 통하여 양쪽을 한 몸 안에서 하느님과 화해시키시어 그 적개심을 당신 안에서 없애셨습니다. … 그래서 그분을 통하여 우리 양쪽이 한 성령 안에서 아버지께 나아가게 되었습니다. 그러므로 여러분은 이제 더 이상 외국인도 아니고 이방인도 아닙니다. 성도들과 함께 한 시민이며 하느님의 한 가족입니다. 여러분은 사도들과 예언자들의 기초 위에 세워진 건물이고, 그리스도 예수님께서는 바로 모퉁잇돌이십니다. 그리스도 안에서 전체가 잘 결합된 이 건물이 주님 안에서 거룩한 성전으로 자라납니다. 여러분도 그리스도 안에서 성령을 통하여 하느님의 거처로 함께 지어지고 있습니다(에페 2,13-22).

1. 성경적 근거

역사적으로 보면 이 성경 말씀은 유다인과 이민족 간의 적개심 해소를 다루고 있다. 교회와 회당 간의 이 분열은 향후 모든 분열의 근원이 되었다. 따라서 이 말씀은 그리스도교의 종파 분열 현상에도 적용될 수 있다. 말씀이 전하는 바는 이러하다: '적개심의 장벽은 허물어지고 평화가 세워졌으니 그리스도인(가톨릭교회, 정교회, 개신교회, 자유교회)은 하느님의 한지붕 아래 모두 한가족이다'.

물론 정확하게 읽어야 한다. 우리가 평화를 이룩한 것이 아니다. 예수 그리스도가 우리의 평화이시다. 전체를 결속시키고 하느님과의 일치, 종파 간의 일치 안에서 자라도록 돕는 분은 그분이시다. 일치는 인간이 애쓴다고 될 일이 아니다. 일치 안에서의 성숙도 성령을 통하여 가능하다.

2. 교회일치의 기반

앞의 에페소서 인용문은 교회일치의 기반에 대한 정보를 제공한다. 교회일치의 기반은 예수 그리스도다. 예수 그리스도의 수난과 부활이다. 이런 확신으로 애초부터 에페소서는 교회일치가 보편적 휴머니즘에 빠질 위험에서 우리를 지킨다. 보편적 휴머니즘이 극단으로 치달으면 "만민들아, 단결하라"라는 프리메이슨의 이데올로기가 되어 버린다. 이런 보편 휴머니즘적 교회일치운동의 근본

은 예수 그리스도가 아니라 탈색된 범세계 종교다. 이를
테면, '우리 모두에게는 하나의 신이 있을 뿐 교회도 필요
없고 교의는 깡그리 무시해도 된다'는 것이다.

이런 자유주의적 합리주의가 일치운동의 가장 큰 적이
다. 그것은 일치운동의 기반과 동기를 허문다. 가톨릭교
회는 제2차 바티칸 공의회를 통해 교회일치운동의 근간
을 명확히 정립했다: "세계 교회 운동이라 하는 이 일치
운동에는 삼위일체이신 하느님을 부르고 예수님을 주님
이시며 구원자이시라고 고백하는 개인과 공동체가 개별
적으로 또 집단적으로 참여하고 있다"(「일치교령」 1항). 이로
써 교회는 일치운동이 분열 이전의 초대교회가 함께 견지
한 신앙적 토대 위에 서 있음을 명백히 확정했다. 초대교
회는 예수 그리스도를 하느님의 아드님으로 고백하고 삼
위일체 하느님을 믿었다. 성경과 교의의 기반 없는 교회
일치운동은 있을 수 없다.

삶의 일치, 삶의 대화에 대해서 말할 때는,[1] 삼위일체
하느님의 이름으로 세례를 받음으로써 얻어 누리는 새로
운 삶, 예수 그리스도와 성령 안에서의 삶을 의미한다. 모
든 신앙인은 하나인 세례를 통해 하나인 그리스도의 몸,

하나인 교회로 흡수되었다(참조: 갈라 3,28; 1코린 12,13; 에페 4,4). 그러니 우리는 기반 없이 일치로 나아가는 것이 아니다. 갈라져 있다가 뒤늦게 합쳐지는 교회에서 출발하는 것이 아니다. 완전하지는 않아도 기본적인 일치는 하나의 공통된 세례를 통해 이미 주어졌다. 공통된 하나의 세례와 부활 대축일 때마다 되풀이하는 그 신앙고백을 되새기는 것이야말로 교회일치운동의 출발점이자 서로를 결합시키는 연결고리다.

신앙의 기반이 심히 박약한 오늘날, 세례 신앙고백을 되새기는 일은 절실히 필요하다. 그리스도인으로 산다는 것, 세례를 받았다는 것, 새로운 삶으로 부름 받았다는 것이 무슨 뜻인지 잘 모르는 신자들이 많다. 이른바 '교적상 그리스도인'들만 그런 게 아니다.

이런 신앙의 기반이 불확실할 때 교회일치운동은 '헛짓만 하다가' 흐지부지 끝나고 만다. 그런 '헛짓 일치운동'은 성격이 불분명하여 조만간 저절로 소멸된다. 따라서 교황청 일치평의회는 미리 설문 조사를 실시한 후, 각 교파 간 세례를 상호 인정하고 그 의미에 대해 의견을 나눌 것을 각국 주교회의에 권고했다. 오늘날 교회일치의 여건이 점

점 더 어려워지는 마당에, 단순한 '미봉책'은 별 효과가 없다. 교회일치운동의 기반을 굳게 다지고 근원에서 다시 시작해야 한다.

교회일치운동의 근본을 분명히 알아야 분열이라는 '스캔들'의 전 과정이 명료해진다. 또 그런 연후에야, 예수 그리스도 안에서 **'한** 몸'이되 각자 갈라진 교회에서 살아갈 수밖에 없는 우리의 내적 모순이 드러난다. 이 상황에 안주해서는 안 되겠다는 현실이 비로소 확연해지고, 차별과 대립을 방치하면서 실은 있지도 않은 일치를 이룬 척하는 것만으로는 부족하다는 것도 분명히 알게 될 것이다. 갈라지면 믿음도 깨진다. 분열은 선교의 가장 큰 장애다. 예수 그리스도는 장벽을 허무셨지만 우리는 새로운 장벽을 쌓고 골을 팠다.

에페소서를 진지하게 묵상하면, 이 장벽과 골을 쉽게 뛰어넘거나 짐짓 없는 듯 처신할 수 있으리라 자만할 수 없을 것이다. 장벽은 성령의 힘으로만 극복할 수 있다. 세례를 통해 선사받은 새 삶을 펼치고 키우고 무르익힐 때만, 교회일치운동도 진척된다. 이를 '영적 일치운동'이라 한다. 이것이 바로 교회일치운동의 핵심이다.

3. 교회일치의 과도기

지난 수십 년 동안 예까지 오면서 우리가 얻은 것이 적지 않아 그나마 다행이다. 장벽은 무너졌으나 걸림돌은 도처에 널려 있다. 신학의 성과에 눈감은 '윗분들' 탓만은 아니다. 남 탓만 해서 득 될 게 없다. 우리 모두가 걸림돌이다. 다들 그리스도인으로서 마땅히 가야 할 길을 가지 못해서다.

우리는 일치의 과도기에 처해 있다. 결정적 사건은 이미 벌어졌다. 지난 수십 년을 돌아보면, 이전 수백 년보다 이 시기에 더 많은 일이 일어났음을 누구나 알 수 있다. 중요한 교회 문헌들이 공표되어 괄목할 만한 접근이 이루어졌다.[2]

그러나 더 중요한 것은 실제 삶 속에서 벌어지는 일이다. 오늘날 개신교 신자들과 가톨릭 신자들은 서로를 적이나 경쟁자로 여기지 않는다. 서로를 형제자매로 대하며 함께 어울리고 활동하며 기도한다. 고마운 일이다. 따라서 우리는 교회일치에 대한 회의론자들의 악담에 귀 기울여서도 안 되고 타락과 몰락의 징후만 살피는 종말론적 비관론에 함몰되어서도 안 된다. 교황 요한 23세도 제2

차 바티칸 공의회 개막식에서 그런 '재앙 예언자'들에 대해 엄히 경고했다.

그렇다고 교회일치의 유토피아를 좇는 몽상가도 되지 말아야겠다. 두 종류의 유토피아가 있다. 진보주의 유토피아는 주위의 장벽과 골을 보지 못하여 결국 좌초한다. 진보주의자들은, 종교 간의 모든 차이가 근본적으로는 오래전에 극복되었거나, 쓸데없는 신학적 논쟁거리로만 남아 있어서 무시해 버려도 된다고 생각한다. 그러나 개신교회와의 차이를 없애려고 감실을 성당에서 치워 버리는 본당신부를 한번 상상해 보라. 예배당에 감실을 설치하는 목사를 상상해 보라. 양 교회의 혼란이 쉽게 그려질 것이다. 안타깝게도 양 교회 간의 상존하는 차이만 즉시 부각될 뿐이다.

한편으로는 성직주의·통합주의 유토피아가 있다. 그들은 최대한 많은 금지 규정을 통해 문제점들을 단속할 수 있다고 생각한다. 아무것도 해서는 안 된다는 허언虛言만 늘어놓을 뿐, 긍정적 대안을 제시하여 분열의 '스캔들'에서 실질적으로 벗어나게 해 주지는 못하니 아쉽다. 이 또한 아무 도움이 안 된다. 생명과 개화는커녕, 아예 싹조

차 틔울 수 없다.

그리스도인은 매사를 어둡게만 보는 비관론자도, 밝게만 보는 낙관론자도 아니다. 그리스도인은 신앙과 삶의 현실주의자다. 모든 생명은 긴장이 팽배한 경계에서 움직인다. 이런 의미에서 우리는 교회일치의 과도기에 있다. 다행히 도상에서 이정표 몇 개를 발견했지만 아직 목적지에 이르지는 못했다. 지금은 성장과 성숙의 시기다. 에페소서가 말하듯이 머리이신 그리스도 덕분에 온몸이 자라나고 사랑으로 성장하는 시기다(에페 4,16 참조).

4. 교회일치는 성장 과정이다

'하느님의 건물'과 '몸의 성장'이라는 성경의 비유 말씀은 교회일치를 비판하는 극우파들과 논쟁하는 데 유용하다. 그들의 수가 증가한다니 유감이다. 그들은 "어설픈 타협은 없다! 진리를 외면하는 교회일치운동이란 존재하지 않는다!" 하고 외친다. 나는 이렇게 말한다. "그렇다. 진리를 외면하는 사랑은 정직하지 못하다. 그런 사랑은 맹목이다." 교회는 "사도들과 예언자들의 기초(진리) 위에 세워"(에페 2,20)졌고 성령을 통하여 항구히 진리 안에 머물러 있다. 교회는 영원히 같은 교회다. 우리는 오늘날 새로운 교회를 세울 수 없다. 그러나 이미 한번 세워졌어도 교회는 "살아 있는 돌로서"(1베드 2,5) 끊임없이 새로 지어진다. 교회는 세상 역사 속을 순례하는 하느님의 백성이다.

이 순례길에서 성령께서는 우리를 "모든 진리 안으로"(요한 16,13) 이끌어 주신다. 그분은 우리가 알아본 진리를 따라 자라고 성숙하게 하신다. 진리와 전통은 고착된 것이 아니다. 진리와 전통은 헌 동전처럼 대물림되지 않는다. 전통은 생생한 삶의 과정이요, "영이며 생명"(요한 6,63)이다. 이는 제2차 바티칸 공의회(『계시헌장』 8항)에서 처음 제시된 것이 아니라 이미 제1차 바티칸 공의회에서도 밝혀진 바이다.[3] 이 점 비판자들에게 분명히 말하고자 한다. 단 한 번 계시된 진리를 알아봄으로써 진보를 구현하는 것은 가톨릭교회의 가장 훌륭한 전통이다. 말하자면 교회는 늘 존재해 왔고 앞으로도 변함없이 존재하는 것이다.

요한 아담 묄러(1796~1838)와 존 헨리 뉴먼(1801~1890) 같은 저명한 19세기 신학자들이 이런 학설을 개진한 바 있다. 일치 신학의 개척자요 태두인 도미니코회 소속 이브 콩가르(1904~1995)는 이 두 신학자의 제자다. 그는 공의회 전부터 이미, 교회가 성장하고 자신만의 미래를 다져 나가는 데 두 가지 길이 있다고 했다. 바로 '교회일치'와 '선교'다.

교회의 지평은 선교 활동으로 확장된다. 교회는 새로운 민족과 문화 속으로 파고들며 성장한다. 교회는 타민족의 문화를 파악하여 비판적으로 수용하고, 정화시키고, 심화시켜야 한다. 이로써 교회는 그때까지 각 문화가 저마다 간직해 온 진리의 면면들을 알게 된다. 고대 그리스·로마 문명과 만날 때도 그랬고 게르만과 슬라브 민족과 만날 때도 그랬다. 오늘날 아시아·아프리카 문화와 만날 때도 역시 다르지 않다. 급속히 변모하는 근대와 탈근대 문화에 대해서도 그래야 할 것이다. 안타깝게도 오늘날의 그리스도인들은 지친 전사戰士가 되어 버렸다. 신천지를 개척하려는 선교의 역동성과 용기가 사라졌다. 용감히 새로운 선교 과제를 정립하는 대신, 어떻게 하면 많은 것을 겨우겨우 참고 버틸 수 있을지만 고민한다.

일치의 만남도 이와 유사하다. 갈라진 교회와 교파들은 저마다 복음이라는 한 가지 진리의 개별적 측면들을 부분적으로는 우리보다 더 낫고 특색 있게 파악했다. 그래서 서로에게 배워 서로를 풍요롭게 할 수 있다. 지난 수십 년 동안 우리는 하느님 말씀의 의미와 성경 읽기와 해석에 대해 개신교 형제들로부터 많이 배웠다. 전례의 상징과 형식에 대해서는 그들이 우리 가톨릭교회로부터 배우고 있다.

교회일치운동은 자기 정체성을 포기하거나 신앙 선조들이 거룩히 여긴 것들을 경솔하게 무시해 버리는 상실과 결핍의 활동이 아니다. 교황 요한 바오로 2세도 교회일치운동을 '은총과 선물의 교환'이라고 표현했다.[4] 우리는 주는 자이자 동시에 풍요로이 받는 자다. 우리는 "저마다 받은 은사에 따라, 하느님의 다양한 은총의 훌륭한 관리자로서 서로를 위하여 봉사"(1베드 4,10)해야 한다. 혹은 베를린에서 열린 '교회의 날'에 고백했듯이 '우리는 서로에게 축복이어야 한다'.

성장과 성숙의 도상에는 많은 중간 단계가 필요하다. 작은 단계들을 소홀히 하면 결국 크게 성취할 가능성을 압살하게 된다. 총체적이고 궁극적인 것만 바라면 결국 아무것도 얻지 못한다. 모든 생명은 단계와 성장의 법칙을 따른다. 달력 귀퉁이에서 이런 구절을 읽었다: "인내는 억제된 열정이다". 또 다른 곳에 적혀 있기를: "인내는 용기와 끈기와 힘이다". 프랑스의 시인 샤를 페기(1873~1914)가 말했듯이 "인내는 희망의 누이"이기 때문이다.

5. 교회일치의 실천적 가능성

이런 명언 몇 구절로 값싼 위로를 받으려 하지 말고, 이제 교회일치의 구체적인 가능성들을 타진해 보자.[5] 나는 신앙 증거, 전례 거행, 인간에 대한 봉사를 교회의 세 가지 근본 기능으로 꼽는다.

신앙을 증거하는 일은 결코 성직자들에게만 국한된 의무가 아니다. 모든 그리스도인은 자기 방식대로 신앙을 증거할 소명을 받았다. 기본적으로 신앙 증거는 일상에서 이루어진다. 공동으로 성경을 읽고 묵상하는 것은 특별한 의미가 있다. 성경으로 말미암아 우리가 서로 갈라졌듯이 성경으로 말미암아 다시 하나가 되어야 한다. 교회일치 차원에서 공동으로 성경을 읽고 공부할 수 있는 가능성은 다양하다. 개신교 목사와 가톨릭 신부가 공동으로 설교하는 교회일치적 말씀 전례도 괜찮은 시도다. 종교 수업이나 성인 교리교육을 공동으로 할 수도 있겠다. 이때 대화의 결과를 실제로 활용하려면 그것에 충분히 익숙해져야 한다.

전례는 성찬 전례에만 국한되는 것이 아니다. 성체성사가 신앙생활의 중심이자 절정임은 의심할 여지가 없다. 그럼에도 모든 것을 성체성사에만 집중시키는 것은 바람직하지 않다. 성체성사가 절정일 수 있으려면 그것을 둘러싼 환경이 반드시 존재해야 한다. 따라서 공동 말씀 전례와 저녁기도, 평화 기원 미사, 축일 미사, 젊은이 미사, 테제 공동체 미사, 아침·저녁 예절, 대림 시기 미사, 친교 미사, 영세 기념 미사, 공동 성지순례 등, 다양한 전례 행사들을 총망라할 필요가 있다. 최근에는 교회일치를 위한 공동 전례력도 마련되어, 각종 축일과 전례 주년에 따라 활용할 수 있게 되었다.

봉사 분야에서는 이미 많은 일이 교회일치 차원에서 공동으로 전개되었다. 앞으로 더 풍부해질 것이다. 날로 심화되는 재정난 때문에 우리가 더욱 힘을 모으지 않을 수 없게 되었다. 우선 초교파적 사회 복지, 호스피스, 노인 복지, 방문 상담, 전화 상담, 병원 사목, 요양원 봉사, 역을 비롯한 각종 공공장소 선교 봉사 등을 들 수 있겠으나 활동 분야는 이 밖에도 얼마든지 많다. 다채로운 형태의 만남도 가능하다. 본당신부와 교구장과의 만남, 본당신부 · 교구청 연석회의, 친목 단체, 이웃 종교와의 경계를 초월한 대화, 특히 도시 · 교구 · 전국 단위 그리스도교 교회들의 활동 공동체 등이다.

여러분이 짐작하는 것보다 지금은 훨씬 더 많은 일을 할 수 있다는 걸 모르겠는가. 현재 가능한 일들을 성실히 실천해 나간다면, 우리는 이미 큰 걸음을 내디딘 것이다.

6. 성체성사 공동체

성체성사는 신앙의 성사다. 성찬기도 중에 우리는 매번 "신앙의 신비여!"라고 고백한다. 사제의 감사기도가 끝나면 모든 신자가 그리 믿는다는 뜻으로 "아멘" 하고 응답하며 성체를 영할 때도 "아멘"을 반복한다. '예, 그리스도의 몸임을 믿습니다'라는 고백이다. 물론 이 '아멘'은 교의에 대한 순수한 지적 동의 이상의 것을 의미한다. '아멘'은 삶 속에서 응답되고 '그리스도인의 삶'을 통해 지켜야 할 긍정의 언어다. 따라서 아무나 쉽게 영성체에 초대받을 수는 없다. 가톨릭 신자들도 마찬가지다.

영성체를 허락하는 기본 조건은, 감사기도 끝 부분과 영성체 도중에 진실한 마음으로 모든 신자와 함께, 가톨릭 신앙에 따라 성찬례 때 일어나는 사건에 대해 '아멘'이라고 응답할 수 있는가, 또 이 '아멘'을 삶으로 증명할 수 있는가 하는 것이다. 루터와 칼뱅은 이 '아멘'을 말할 수도 없었고 말하고 싶지도 않았을 것이다. 그들은 '교황권'뿐 아니라 미사에 대해서도 강력히 저항했기 때문이다. 다행히 최근에는 이 문제에 있어 루터교회와 현저히 거리를 좁혀 가고 있지만, 그래도 심각한 차이가 상존한다.

그래서 '자신이 속한 교회의 성찬례에만 참석한다'는 단순한 원칙이 생겼다. 이 원칙은 성경적 근거(1코린 10,17: "빵이 하나이므로 우리는 여럿일지라도 한 몸입니다")가 탄탄하고 1970년대까지 이르는 오랜 공동의 전통도 가지고 있다.

이 기본 원칙 말고도 하나가 더 있다. 제2차 바티칸 공의회 「일치교령」에 따르면 "은총의 배려는 때때로 성사 교류를 권장한다"(8항). 교회법도 '영혼의 구원이 최상의 법'(교회법 1752조)이라고 규정했다. 그 때문에 교회법은 몇 가지 예외적 상황에서, 성체성사적 믿음을 공유하고 삶을 통해 이 믿음을 증거하는 한, 비가톨릭 신자에게도 영성체를 허락할 수 있음을 시사하는 것이다.[6] 물론 교회법은 모든 가능한 개별 상황을 일일이 밝히지는 않았고 다만 사목적으로 책임질 수 있는 행동의 범위를 규정해 두었을 뿐이다.

교황 요한 바오로 2세는 1995년에 발표한 '교회일치에 관한 회칙'에서, 현행 교회법 규정을 좀 더 영적인 의미로 풀어 썼다. 교황은 이렇게 말했다: "다른 교파의 그리스도인들이 가톨릭교회와 온전히 일치하지는 못했을지라도, 가톨릭교회의 성사를 갈망하고 진심으로 간구하며 가톨릭교회가 성사를 통해 고백하는 신앙을 증거하는 한, 가톨릭 사제가 특정한 개별 상황에서 성체성사와 고해성사와 병자성사를 그들에게도 기꺼이 베풀 수 있다는 것은 기쁜 일입니다".[7] 교황은 이 구절을 대단히 중요히 여겨, 2003년에 발표한 '성체성사에 관한 회칙'에도 말마디 그대로 반복했다.[8]

나는 우리 사제들이 그들의 주교와 더불어 교황이 제시한 원칙에 따라 개별적 상황과 다채로운 삶에 적절히 대처하는 해법을 찾을 수 있을 만큼 사목적·영적으로 충분히 섬세한 직감을 지니고 있다고 믿는다.

7. 교회일치운동의 핵심은 영적 일치다

　지금까지는 교회일치의 제도적 가능성에 대해 언급했다. 이것이 다가 아니다. 제도는 교회의 일부일 뿐이다. 교회는 은사의 차원도 지닌다. 이 점에 대해 생각해 보자. 진리의 영이 오시면 우리를 구원의 진리 안으로 깊숙이 이끌어 주실 것인즉(참조: 요한 14,26; 15,26; 16,13), 그것은 다양한 은사를 통해 이루어진다(참조: 로마 12,4-8; 1코린 12,4-11).

　에페소서는 "사도들과 예언자들의 기초 위에 세워진 건물"(2,20)에 대해서 말한다. 이때 예언자는 구약성경에 나오는 예언자가 아니라 신약성경적 의미의 예언자다. 성령의 감화로 예언 능력을 지닌 이들은 복음을 '현실감 넘치는' 새로운 언어로 풀어 준다. 교회가 지쳐 있거나 현실에 지나치게 순응할 때마다, 그들은 예언자적 비판을 통해 복음의 참뜻을 새삼 깨닫도록 자극을 준다. 또 구조적으로 새롭고 선의에서 철두철미하게 그리스도교적이고 교회일치적인 삶의 방식을 발견하여 공동체 안에서 실천하고, 교회의 새로운 도전에 직면하여 미래를 열어 준다.

　과거에는 수도회 설립자들이 이런 예언자적 역할을 했다. 그들은 새로운 영성을 몸소 실천하면서 자신의 수도

회뿐 아니라 숱한 평신도들에게도 가르쳤다. 베네딕도, 아시시의 프란치스코, 로욜라의 이냐티우스, 아빌라의 데레사, 리지외의 소화 데레사 등이 바로 그들이다. 이들은 당시 침체된 교회 생활에 새 바람을 일으켰고 수백 년이 지난 오늘날까지 교회에 영적 생명력을 선사하고 있다.

하느님의 영은 평신도 공동체, 가정 공동체, 선교 공동체, 은사 공동체 등에서 다양한 형태의 영성 운동을 일깨웠다. 가톨릭 수도회는 물론, 개신교 측에서도 '형제자매 공동체'나 각 교단 차원에서 유사한 움직임이 일어나고 있다. 유감스럽게도 독일에서는 이런 움직임이 다소 부진하다. 지난 2004년 5월 6~7일, 슈투트가르트에서 170개 단체와 공동체의 젊은 그리스도인들이 한데 모여 한마음으로 서로에게 관심을 보이고 나아가 유럽 그리스도인의 미래를 함께 염려했다는 사실이 그래서 더욱 기쁘다. 2005년 세계 청년 대회에서 더욱 강력한 추진력을 얻기를 기대한다.

교황 요한 바오로 2세의 뜻에 따라, 과연 "이런 운동과 유대는 '시대의 징표'에 대한 성령의 응답"이라 할 만하다. 그중 다수가 교회일치운동에 참여하면서 새롭고 미래

지향적인 공존 방식을 발전시키고 있다. 그간 일치의 네트워크도 형성되었다. 영적 교회일치운동의 창시자인 폴 쿠튀리에Paul Couturier(†1953) 아빠스는 '보이지 않는 수도원'을 주창했다. 일치의 영이 임하시기를 쉼 없이 기도하는 곳이다.

교회일치운동의 핵심은 문서나 기록이 아니다. 그것들도 당연히 중요하겠지만, 오늘날 교회에 문서 과잉 현상이 팽배하고 있다는 느낌은 금할 수 없다. 성령께서는 문서 형식이 아니라 불혀 모양으로 강림하셨다. 불이 쓸데없는 문서들을 태워 버릴 수 있으니 다행이다. 중요한 것은 영적 일치다. 교회일치운동은 공의회 이전에 이미 소규모 결연 관계를 중심으로 시작되었다. 오늘날에는 특히 친목 단체, 공동체, 생활권을 중심으로 새로운 도약을 시도할 수 있겠다.

제2차 바티칸 공의회는 이런 영적 일치를 모든 일치운동의 '혼'으로 여긴다(「일치교령」 8항). 또 내적 회개, 거룩한 생활, 과거의 잘못을 새삼 따지지 않는 상호 이해와 용서, 새로운 마음, 자기 자신의 포기, 사랑의 자유로운 실천 등을 일치의 조건으로 꼽는다(「일치교령」 6-9항 참조).

중요한 것은 일치를 위한 기도다. 우리 힘만으로 일치를 '이룰 수는' 없기 때문이다. 일치는 결국 성령의 은총이다. 은총을 구하려면 '오소서, 성령이여!'라고 기도해야 한다. 사도들이 주님 승천 후 그분의 어머니와 여인들과 함께 행한 것보다 더 좋은 방법은 없다. 그들은 모두 "한 마음으로 기도에 전념하였다"(사도 1,14).

따라서 전례 주년 중에서도 매년 1월에 있는 '그리스도교 교파의 일치 화합을 위해 기도하는 일치 주간'에는 교회일치를 위해 특별한 노력을 기울여 마땅하다.

기도와 개인의 거룩한 생활 외에 제2차 바티칸 공의회는 교회의 개혁과 쇄신에 대해서도 언급한다. "언제나 정화되어야 하는 교회는 끊임없이 참회와 쇄신을 추구한다"(「교회헌장」 8항). 이 말의 의미가 새롭다. 교회 밖 다른 이들의 회개가 문제가 아니다. 회개는 우리 자신에게서 시작되어야 한다는 것이다. 제도 개혁이나 조직 개편이 바람직하긴 하지만 단순히 그것만으로는 별 도움이 안 된다. 새로운 공동체 영성으로 충만해지지 않는다면, 제도나 조직은 기껏 정화될 수 있기야 하겠지만 자칫 혼이 없는 기구機構로 전락할 것이다.

공동체 영성이란, 믿음 안에 있는 교회 밖 형제자매들을 알아보고, 그들의 기쁨과 고통을 함께 나누며, 그들의 원의에 귀 기울이고, 그들에게 필요한 바를 살피는 것이다. 공동체 영성은 다른 이들 안에서 긍정적인 것을 발견하여 그것을 하느님의 선물로 받아들일 줄 아는 능력이다. 공동체 영성은 "서로 남의 짐을 져"(갈라 6,2) 줌으로써 교회 밖 형제자매들에게도 '자리'를 내주며, 경쟁과 불신과 질투의 유혹에 굴하지 않는 것이다.[9]

교회와 공동체 내 상황뿐 아니라 각 교회 상호간의 사정을 아는 사람은 아직 할 일이 많이 남았다는 것을 안다. 또 다양한 종교 단체를 중심으로, 알려진 것보다 훨씬 더 많은 일이 일어났다는 것도 안다. 그래서, 교회가 일치를 위한 새로운 도약을 이룩할 수 있도록 착실히 준비할 것이다. 영성 공동체들을 통한 영적 일치운동에 기대하는 바가 크다.

8. 우리는 어디로 가고 있는가?

다들 어디로 내닫는 것일까? 교회일치운동의 목적은 뭘까? 이 물음에 각양각색의 답변이 있다는 것은 놀랄 일도 아니다. 교회의 본질에 대한 견해가 제각각이기에 교회일치에 대한 견해도 제각각일 수밖에 없기 때문이다.

개신교, 특히 유럽 개신교회들이 생각하는 교회일치의 목표는 성경 해석의 근본적 일치다. 반면 교계 제도의 형태에 대해서는 자못 개방적이다. 각 교파는, 주교 중심적이든 장로 중심적이든 총회 중심적이든 아니면 이들의 혼합 형태든, 나름의 기존 제도를 유지하면 된다는 것이다. 개신교 관점에서 볼 때 로마 베드로좌가 견지하는 제도적 일치는 신학적으로 필연적이지도 않고 다수에게 바람직하지도 않으며 결코 수용할 만한 것도 아니다.

가톨릭교회가 생각하는 교회일치의 목표는 다르다. 그것은 예루살렘 초대교회에 관해 사도행전이 전하는 바에 기초한다: "그들은 사도들의 가르침을 받고 친교를 이루며 빵을 떼어 나누고 기도하는 일에 전념하였다"(사도 2,42). 이에 따라 가톨릭교회는 신앙의 일치, 성사의 일치, 사도적 직무의 일치라는 가시적 일치를 중요시한다(「일치교령」 2항 참조). 로마 베드로좌를 통해 가장 분명하게 가시화되는 가톨릭교회의 일치성은 우리의 약점이 아니라 강점이다. 이 가시적 일치의 구체적 형태는 다양할 수 있으니, 그 또한 바람직한 것이다. 일치의 형태적 다양성은 결 핍이 아니라 풍요로움의 표현이다. 그런 의미에서 가톨릭 교회가 추구하는 바도 하나의 획일화된 교회가 아니라 다 양성 안에서의 일치다.

다양성 안의 교회일치가 미래에 구체적으로 어떤 모습 을 띨지에 대해서는 미리 마스터플랜을 세울 수 없다. 교 회일치의 미래상에 대해 청사진을 그릴 수 없다. 삶의 일 치 차원에서는 궁극 목표에서 눈 떼지 않고 오늘 이 자리 에서 할 수 있는 것을 행하는 것으로 족하다. 일치로 가는 길은 끝까지 불빛 환한 활주로가 아니다. 그것은 등불 하 나 손에 들고 걷는 순례길 같은 것이다. 등불은 우리 스스 로 나아가는 만큼씩만 앞길을 비추어 줄 것이다.

9. 범세계적 교회일치운동

삶의 일치란 사고의 지평을 넓히는 것이다. 이때 진정 한 가톨릭적 시각은 범세계적으로 확장된다.

몇 년 동안 나는 독일 교회의 상황을 바깥에서 관찰할 기회를 가졌다. 로마뿐 아니라, 온 세상을 두루 여행하면 서 그야말로 범세계적 시각에서 독일 교회를 조망했다.

이 기회에 나는 '독일 교회 체제'의 장점을 새롭게 평가할
수 있게 되었지만, 다른 한편 우리 독일 신자들이 얼마나
자신의 문제에만 고착되어 있는지도 분명히 알게 되었다.
이는 교회뿐 아니라 정치적 개혁 불능까지 초래했고 삶
전체를 질식시키는 불감증을 야기했다.

독일 교회는 신선한 바깥바람이 절실하다. 우리는 유
럽 교회부터 다시 살펴야 한다. 우리는 유럽 교회 사정을
얼마나 알고 있는가? 통상적 여행 이상의 의미를 지닌 유
럽 교회 방문 시찰은 교회일치에 대단히 긍정적인 효과를
발휘할 것이다.

나는 교회일치의 범위를 동쪽으로 확장할 필요성에 대
해 누차 말한 바 있다. 이 필요성은 유럽을 중심으로 더욱
절실하다. 유럽 국가들이 유럽 연합으로 통합되는 것은
세속적 차원에서 도전이자 유일한 기회다. 그러나, 수백
년간 동유럽 제 민족의 문화와 인성에 각인된 정교회를
함께 품고 갈 때만 통합이 제대로 이루어질 것이다. 러시
아 정교회가 특히 여기에 해당한다. 동유럽의 옛 성당들
과 전례 음악과 약간의 이콘만으로도 그곳의 종교 문화가
얼마나 풍요로운지 알 수 있을 것이다. 종교적으로 빈약

한 서유럽은 동유럽으로부터 많은 것을 배울 수 있다. 동방교회와의 일치는 유럽의 미래를 위해서도 반드시 필요하다.

이와 아울러 교회일치의 범위를 남쪽으로도 확장해야 한다고 본다. 최근 아프리카, 아시아, 라틴아메리카에서 다른 전통 교회(특히 성공회나 루터교 등)와의 관계가 호전되고 있지만, 한편으로는 오순절 교회와 복음 중심주의자들의 비약적 성장도 목도하게 될 것이다. 그들 가운데 일부와는 풍요로운 관계를 맺을 수 있었다. 물론 매우 공격적인 근본주의자들과 개종자들도 더러 있어서, 대화가 아예 불가능하지는 않을지언정 극도로 어려운 것은 사실이다.

유럽에도 각종 기존 종파들과 신흥 종교 운동들(뉴에이지, 사이언톨로지 같은 이른바 '신흥 종교')이 있다. 교회일치운동과 종교적 현 상황에 범세계적으로 광범위한 지형 변화가 진행 중이다. 이슬람과의 만남은 물론, 교회일치운동과 관련하여 우리는 새로운 도전에 직면해 있다.

유럽은 그리스도교 정신으로 각인된 풍요로운 문화유산을 향유하고 있다. 그리스도교가 없었다면 유럽도 없었다. 그러나 유럽 교회의 분열이 근대 세속주의의 한 원인을 제공했다는 사실은 유럽의 비극이다. 바야흐로 이 빈 틈을 다양한 종파와 신흥 종교들이 파고들고 있다. 우리는 이 새로운 도전을 공동으로, 말하자면 교회일치를 통해서만 극복해 나갈 수 있다.

10. 희망을 버릴 수 없다

이제 쿠튀리에 아빠스의 기도를 나의 기도로 봉헌하려 한다. 이 기도는 우리가 무엇을 희망할 수 있고 어떻게 기도해야 좋을지 잘 가르쳐 준다.

주 예수 그리스도님,

당신은 모두가 하나 되기 원하셨으니,

당신의 뜻대로

그리스도인의 일치를 이루게 하소서.

저희에게 당신의 영을 내리시어

갈라진 아픔을 이겨 내게 하시고

저희 잘못을 깨닫고

모든 희망을 넘어서 일치를 바라게 하소서.

“모든 희망을 넘어서 일치를 바라게 하소서” ― 그리스도인들에게 이것은 가능하다. 약빠른 회의주의자의 편에 서지 말자. 희망을 소중히 간직하자. 그런 희망이 우리 그리스도인의 표정에 역력해야 한다. 그것이 우리가 그리스도인인 이유다. 교회일치를 주도하시는 하느님의 영을 신뢰하자. 그 좋으신 영은 늘 우리를 놀라게 하신다. 그 영은 당신이 시작하신 일을 끝내, 원하는 때에 원하는 방식으로, 완성하실 것이다. 그 영은 예수 그리스도께서 바로 우리의 평화요, 세상의 평화이심을 온 세상에 밝히 드러내실 것이다.

V. 일치의 성사, 그 다양한 측면들
성체성사에 대한 신학적 성찰

1. 성체성사는 예수님의 계약이다

'수난 전날 저녁', '그분이 잡히시던 날 밤' 등의 시점 진술로 교회는 성체성사 거행의 역사적·사실적 근거를 밝힌다. 교회는 성찬례 제정을 예수님이 돌아가시기 전날의 최후 만찬으로 소급함으로써 역사상 유일회적唯一回的인 출발점을 제시할 뿐 아니라 성찬례의 항구적이고 사실적인 규범까지 제시한다.

네 복음서의 최후 만찬 보도에 관한 역사비평적 고찰은 이 역사적·사실적 정당성에 종종 의문을 제기함으로써 예수님과 교회 사이, 곧 당시의 최후 만찬과 오늘날의 성찬례 사이에 괴리를 형성했다.[1] 그래서 사람들은 예수님을 예언자적 제의祭儀 비판의 전통 속에서 바라보고, '빵을 쪼개어 서로 나누는' 초대교회의 관습 또한 전례적 의미가 부여되지 않은 공동의 성찬 정도로 이해하며, 나아가 예수님의 최후 만찬과도 특별한 관련을 짓지 않았다. 헬레니즘 그리스도교 공동체에 와서야 이 성찬은 당시 이교도들의 비제秘祭의 영향으로 성사적 의미를 띤 주님 만찬으로 변형되었다.[2] 그러나 이런 식으로는 대단히 일반적인 유비 형태를 벗어나지 못한다. 주님 만찬 보도의 특징인 이중의 행위 양식(빵을 쪼개어 나누는 행위와 하나의 잔을 서로 나누어 마시는 행위)은 이교 비제를 통해서는 설명될 수 없다. 이 행위 양식은 오히려 (파스카 축제 같은) 유다교의 축제 양식에 자연스럽게 어울린다.[3] 이런 축제 양식으로 인해 일찍이 주님 만찬에 '감사례'라는 이름을 붙일 수 있었다. 말하자면 '감사례'라는 이름은 가장家長이 식사 전에 세 번째 포도주 잔(축복의 잔)을 높이 들고 바쳤던 감사기도(*beraka*, eulogia, eucharistia)에서 유래한다(1코린 10,16 참조).[4]

최후 만찬 때 예수님은 유다인의 전통적 식탁 예절을 단순히 반복한 것이 아니라 이를 변형시키고 새롭게 강조하셨다. 이는 두 방식으로 이루어졌다. 유다인의 관습과 달리 예수님은 함께 모인 사람 모두가 '주인의 술잔'을 나누어 마시도록 하시고, 빵과 잔을 나누실 때 암시의 말씀을 하셨다.[5] 따라서 예수님의 최후 만찬은 비할 데 없이 독창적 현상이며 통상적 범주를 벗어나는 것이었다.[6]

네 복음서의 최후 만찬 보도가 서로 조금씩 다르다는 것은 결국 네 복음서만 가지고는 예수님의 말씀을 고스란히 원형대로 접하는 게 그리 간단치 않다는 뜻이다. 오히려 예수님의 말씀과 활동은 초대교회의 신앙과 전례를 매

개로 우리에게 전해진다. 바오로 사도는 자신의 최후 만찬 보도를 "주님에게서 받은"(1코린 11,23) 전통이라고 분명히 말한다.[7] 옛 전통의 요소들은 각 텍스트마다 조금씩 다른 방식으로 전해지기 때문에, 전승이나 예수님 말씀의 정확한 원형은 거의 추정할 수 없거나 기껏해야 가정할 수 있을 뿐이다.[8] 그러나 최후 만찬 보도의 역사적 신빙성이 그 때문에 희박해지지는 않는다. 다들 하나같이 최후 만찬을 독특하고 유일회적인 사건으로 전하고 있기 때문이다. 역사적 관점에서도 그 사건은 오직 예수님 자체만으로 충분한 근거를 지닌다.

예수님이 최후 만찬 때 하신 말씀과 행위가 그분의 복음 선포와 행적과 같은 선상에 있음이 드러날 때 이는 더욱 설득력을 가진다. 예수님의 삶을 배경으로 그분의 최후 만찬 언행을 이해할 때 비로소 그 내적 논리를 올바로 짚어낼 수 있다.[9] 하느님 나라가 곧 온다는 사실뿐 아니라, 그 하느님 나라가 바로 당신의 인격, 당신 자신의 오심과 직결되어 있다는 것이 예수님이 선포하신 복음의 특징이다. 나아가 예수님은 만찬이라는 상징을 통해 하느님 나라의 도래를 보셨고 최후 만찬을 미리 거행하셨다. 최후 만찬 역시 종말론적 관점에서 임박한 하느님 나라의 전망과 역동성을 통해 이해되어야 한다(마르 14,25 참조). 더욱이 성찬례를 구성하는 예수님의 언행은 그분이 곧 닥칠 수난과 죽음 앞에서도 복음 선포의 사명을 끝까지 다할 것임을 시사하고 있다. 하느님께서는 인간이 불충실할 때, 바로 그때도 변함없이 충실하시다. 하느님께서는 당신의 구원 행위를 예수님의 인격과 결부시키시고, 예수님을 당신 종으로 삼으시어 "많은 사람을 위하여" 자기 목숨을 대신 내주게 하셨다(마르 14,24; 1코린 11, 24: 이사 53,10 이하와 연계하여). 그렇게 예수님은 많은 이를 위한 대속적 희생을 통해 당신의 피로 새로운 계약을 맺으셨다(루카 22,20; 1코린 11,25: 예레 31,31과 연계하여).[10] 최후 만찬 때 예수님은 새로운 구원의 실현을 선포하시고, 빵과 포도주를 나누는 행위로써 새로운 구원 공동체를 상징적으로 제시하셨다. 그분은 빵과 포도주 봉헌을 당신 자신과 동일시하시고, 자기희생을 통해 자신이 바로 새로운 계약이요 구원의 종말론적 실현임을 분명히 보여 주셨다.

예수님의 최후 만찬 언행에는 그분의 삶 전체가 압축되어 있다. 동시에 당신의 죽음을 예고한다. 예수님의 최후 만찬 언행은 그분의 삶과 죽음을 통해 그 의미가 충족되었다. 그분의 삶과 죽음이 없었다면 최후 만찬 언행은 의미를 보장받지 못했을 것이다.[11] 최후 만찬에서 하신 말씀은 삶과 죽음과 함께 어우러지면서 예수님의 계약이 되었다. 이 계약으로 말미암아 예수님의 모든 행적은 죽음을 넘어 항구한 구원 효력을 발휘한다. 더구나 이는 예수님 스스로 맺으신 계약이다. 그 말씀을 통해 그분은 친히 당신 제자들을 위해, 그들 곁에 영원히 현존하시려는 것이다. 영원히 현존하시겠다는 예수님의 계약이야말로 성체성사의 출발점이자 근본이다.[12]

예수님의 계약을 출발점으로 삼는다는 점에서 가톨릭의 성체성사론과 개신교의 성찬론은 완벽하게 일치한다. 루터는 성찬식을 오로지 계약으로 해석하여, 이를 예수님의 강생과 그리스도의 죽음의 축약으로 이해했다. 그러나 그는 '계약'testamentum을 죄의 용서를 보증하는 약속으로만 해석함으로써 믿음을 통한 수동적 수용성의 관점을 일방적으로 정립하고, 이를 베풂과 희생의 관점과 대립시킬 수밖에 없었다. 이로써 수동적으로 받는 '성사'sacramentum와 능동적으로 행하는 '희생'sacrificium을 첨예하게 구분 짓고 후자를 철저히 배격했다. 루터의 하향적 성찬론은 온전히 '위로부터의' 그리스도론에 근거하고 있다. '아래에서 위로' 향하는 상승 요소는 거기서 배제되었다.[13]

예수님의 유언에는 두 차원이 내재한다. 최후 만찬에서 예수님은 당신의 희생을 '바쳐질 몸'과 '흘려질 피'라는 수동태로 설명하신다. 이런 유다인의 어법은 하느님의 행위를 경외하는 마음으로 완곡하게 표현하는 것으로, 예수님의 순종을 담아내기에 적합하다. 예수님은 전적으로 자신을 하느님 아버지께 의탁하셨다. 그래서 새로운 구원도 최후 만찬 때의 감사와 찬양을 통해 이미 실현되고 있었다. 이는 당신의 몸을 희생하여 아버지의 뜻에 따르겠노라는 의지의 명백한 표현이다. "많은 사람을 위하여 흘리는 내 계약의 피"(마태 26,28: 탈출 24,8과 연계하여)라는 말마디는 우연이 아니라 사실적으로도 타당하고, 그러한 한 필연적이다.[14] '많은 사람을 위한' 예수님의 희생은 곧 아버지께 바치는 희생이다. 최후 만찬 때 예수님은 아버지께 자신을 내드림으로써 인류를 위한 구원의 선물이 되셨다.

요약하면, 예수님의 최후 만찬은 그분의 파견 사명뿐 아니라 그분 존재의 심원한 본질도 드러낸다. 그분은 하느님께서 보내신 존재이자 하느님을 위한 존재인 동시에 모든 인간을 위한 존재다. 그분은 감사Eucharistia와 축복Eulogia의 인격체다. 이런 포괄적 의미에서 예수님은 전체의 핵심이며 그리스도론은 성체성사의 배경이자 초석이다. 이는 성체성사를 단순히 기능적이고 실존적인 관점에서만 이해하려는 오늘날의 모든 논의는 단견短見에 불과하다는 것을 의미한다.[15]

2. 성체성사는 기념이다

철저히 그리스도론에 입각하여 성체성사의 근거를 밝히건대, 성체성사는 그리스도 십자가 사건의 부가적·보충적 기능이 될 수 없다. 또한 그 사건의 계속과 반복으로 이해해서도 안 되며 그리스도 십자가 사건의 '영원한 일회성 법칙'하에서 이해해야 한다. 성체성사와 그리스도 십자가 사건의 관계는 '기념'memoriale(*zikkaron*; *anamnesis*; me-moria) 혹은 '현재적 기억'이라는 성경 개념 범주로만 기술될 수 있다.

바오로 사도와 루카의 최후 만찬 보도에는 이런 문구가 나온다: "너희는 나를 기억하여 이를 행하여라"(루카

22,19; 1코린 11,24-25). 이 반복되는 지시의 기원에 대해서는 의견이 분분하다.[16] 그리스 문화권의 사자死著 추모제 기원설이 한풀 꺾이고 신비신학이 비교秘敎 기원설의 역사적 신빙성에도 의문을 제기하자, 구약성경 및 유다교 기원설에 관심이 집중되었다.[17] 어쨌든 성경에 근거하여 이해할 경우, 기념 행위는 개인의 주관적 기억이 아니라, 전례적·성사적 기념 축제다.

여기서 과거의 구원사가 상징적·객관적으로 현재화된다. 가령 초막절(레위 23,33-36)이나 이집트 종살이에서 해방된 날을 기념하는 파스카 축제(탈출 12,14)가 그러하다. 모든 세대는 이런 축제를 통해 "마치 자신이 이집트에서 해방된 듯 자신을 성찰해야"[18] 한다. 하느님이 과거의 구원사들을 기억하시고 종말론적 기대를 충족시키시도록, 그 사건들은 결국 전례적 현재화를 통해 하느님께 되돌려져야 하며 그분 앞에서 가치를 인정받아야 할 것이다. 기억을 통해 과거를 현재에 되살리는 일은 미래적 완성에 대한 종말론적 전망과 직결되어 있다. 성경에서 유래하는 기념 행위에는 과거·현재·미래, 세 차원의 시간이 함께 스며 있다.

일찍이 교부들은 성경의 예형론적 사유를 활용하여 성사적 · 객관적 현재화 사상을 발전시키려 했다. 훗날 그들은 성체성사를 설명하기 위해 플라톤의 '이데아론'까지 동원한다.[19] 토마스 아퀴나스에게 성체성사는 다른 성사들처럼 유일회적 구원사를 현재화하는 '기억의 표지'sig-num rememorativum요, 현재적 구원에 대한 '지시의 표지'sig-num demonstrativum이자, 하느님 나라의 종말론적 만찬에 대한 '기대의 표지'signum prognosticum다.[20] 그리스도의 성체성혈 대축일 저녁기도 「성모의 노래」 후렴은 이 세 차원을 시적으로 표현한다: "그리스도의 수난을 기억함으로 우리 마음 오롯해지고, 지금 베푸시는 은총으로 우리 마음 충만해지고, 영광스런 미래에 대한 기대로 우리 마음 든든하나이다".[21] 이런 포괄적 의미에서 성찬 전례도 예수 그리스도의 죽음과 부활과 승천과 재림을 기념하는 예식과 직결되어 행해진다.

이 장엄한 통합적 시각은 유감스럽게도 중세를 거치면서 사라져 버렸다. 11세기 제2차 성찬례 논쟁 이래 원형Urbild과 모상Abbild, 전형Typus, 상징Symbol/figura 등과 '실체'veritas 사이에는 간극이 생겼다. 본디 상징이란 어떤 실재를 예시하는 것이었다. 이제 '상징'은 더 이상 실재를 예시하지 않는다.[22] 게다가 순수 상징주의에 경도되는 것을 막고 성체성사 안에 현존하시는 예수님의 실재성을 지키기 위해, 예수 그리스도의 몸과 피의 실체적 현존을 기억을 통한 십자가 희생의 상징적 현재화와 구별하기에 이르렀다. 이로써 구원자와 구원 결과의 현존은 설명되었지만, 구원 사건 자체의 현존은 설명될 수 없었고, 성사로서의 성찬례와 희생으로서의 성찬례는 다시 분리될 수밖에 없었다. 성체성사를 그리스도 수난의 성사적 상징으로 보지 않았으므로, 성체성사와 십자가 희생의 관계는 실로 해결될 수 없는 난제가 되고 말았다.[23] 종교개혁기의 미사성제 논쟁들은 이런 배경하에서 이해될 수 있다. 사실, 16세기에는 쌍방 간에 이 문제를 해결할 만한 개념 범주가 없었다. 트렌토 공의회에 이르러서야 재현repraesentatio, 기억memoria, 적용applicatio이라는 범주에 힘입어 이 문제를 개념적으로 정식화할 수 있었고,[24] 덕분에 공의회는 독자적 미사성제로써 십자가 희생을 보완하려는 것은 우상숭배라는 개혁주의자들의 비난을 잠재울 수 있었다. 그러나 트렌토 공의회 이후 등장한 많은 미사성제 이론을 보면,

이러한 교의적 해명도 수난 재현repraesentatio passionis을 신학적으로 제대로 설명하기에는 얼마나 역부족이었는지 알 수 있다.

20세기 들어서야 성경에 기반을 둔 전례 쇄신과 교부학의 부흥으로 상황이 급전되었고 새로운 교회일치적 대화 가능성도 열렸다.[25] 가톨릭 신학에서는 (각각의 역사적 논증과 신학적 설명과는 다르게) 유일회적 구원사의 실재 상징적 현재화를 강조하는 '신비 전례 이론'(오도 카셀)의 사실적·신학적 근본 관심사가 어느 정도 인정을 받게 되었고, 마침내 제2차 바티칸 공의회의 공인을 얻었다.[26]

유일회적 십자가 희생의 객관적 현존을 이해하는 데 더 중요하고 교회일치에 더 도움 되는 것은 '하느님 말씀 신학'을 쇄신하는 일이다. 주님의 만찬을 행하는 것이 바로 사도에게는 "주님께서 오실 때까지"(1코린 11,26) 그분의 죽음을 전하는 일이었다. 따라서 성체성사는 말씀의 육화이자 역사 속의 일회적 사건을 공적으로 선포하는 축제다. 그 사건은 말씀을 통해 현재화됨으로써 공적 타당성을 획득하며 개인과 공동체에게 위로와 권리가 된다.[27] 유다인의 식사기도가 하느님의 구원 행위를 기억(아남네시스)하는 것이었듯이, 성체성사는 예수님의 죽음과 부활을 말씀과 행위로 기억하면서 현재화하는 것이다. 이는 그분의 재림에 대한 열망(마라나 타': 1코린 16,22)과 밀접히 결합되어 있다. 요약하면 이렇다: 성찬례의 기원과 기초를 세우신 분이 예수님이라면, 그리스도를 기념하는 행위는 성찬례의 다양한 측면들을 내적으로 일치시킬 것이다. 이런 기념 행위를 통해 예수 그리스도의 죽음과 부활이 성사적으로 현재화되고, 빵과 포도주의 형상으로 현존하시는 주님이 찬미받으시고, 그분의 궁극적 재림을 간청함으로써 그분과의 친교communio가 이루어진다. 그러므로 예수 그리스도의 말씀과 행위를 기억하는 가운데 그분의 인격과 활동이 성사적으로 전해져 현존한다는 사실이야말로 성체성사의 다양한 측면들이 내적 일치를 이룰 수 있는 근거가 되는 것이다.[28]

3. 성체성사는 감사와 봉헌이다

예수님의 성찬례 제정도, 그분의 구원 사업에 대한 기념도 감사 속에서 이루어졌고 또 이루어진다. 받은 은총에 감사드림은 피조물 인간이 하느님 앞에서 취해야 할 기본 태도다. 구원의 역사에서 감사는 하느님의 구원 경륜과 구원 은총을 기꺼이 받아들인다는 가장 분명한 의사 표시다. 그러므로 찬양Eulogie(*beraka*)과 감사Eucharistie는 하나이며 유다인의 식사기도와 파스카 축제의 기본 요소가 된다. 찬양과 감사는 예수님의 성찬례 제정에도 함께 결합하여 나타난다(마르 14,22와 그 병행구; 1코린 11,24).[29] 그래서 감사례란 용어가 일찍이 주님 만찬 전 과정을 포괄하는 개념으로 정착할 수 있었다.[30] 초대교회부터 오늘날에 이르기까지 감사기도는 "우리 주 하느님께 감사합시다!"라는 권유로 시작한다. 이로써 감사하는 마음으로 하느님의 구원 사업을 선포하고 기념하는 것이다.[31] 주님 만찬의 이러한 특성에 따라 성체성사의 기본 형태를 찬양하는 기념 축제로 보는 것은 정당하다.[32]

감사와 봉헌에 대한 관념은 일찍부터 밀접히 결합되어 있었다. 구약성경에 이미 빵과 포도주가 매우 중요한 역할을 한 '찬미 제사'*toda*[33]와 '찬양 제물'hostia laudis(시편 50,14. 23; 참조: 시편 116,17; 119,108) 개념이 등장한다. 이 개념은 히브리서에도 수용되었고(히브 13,15), 그로부터 '로마 미사 전문'Canon Romanus(오늘날의 감사기도 제1양식)에도 채택되었다. 성경은 희생 제물을 인격화시킨다(참조: 시편 40,7; 51,18; 히브 10,5-10). 특히 '주님의 종'(이사 53,4 이하; 53,10 이하)의 대속적 희생은 기존 제사 형식의 차원에서가 아니라 순교적 차원에서 인격의 온전한 봉헌으로 이해되었다.[34] 구약성경의 희생 제물에 대한 관념이 필론을 통해 영성적 색채를 띠고 전해진 덕분에, 교부들은 일찍부터 성체성사를 봉헌(희생)의 의미로 이해할 수 있었다.[35] 리옹의 이레네우스는 물질을 경시하는 영지주의적 태도에 반대하여 빵과 포도주의 봉헌을 전면에 부각시켰다. 빵과 포도주는 하느님께 감사드리는 개개인의 마음을 상징적으로 표현하는 봉헌물로서 실제적 의미를 띤다는 것이다. 그렇다면 '감사합시다!'gratias agamus라는 표현은 '봉헌하다'offere라든가 '예물'oblatio(*prosphora, anaphora*), '희생 제물'sacrificium; *thysia*이라는 말과 별 차이가 없다. 그 때문에 감사 개념에서 봉헌 개념이 확연히 도출된다면, 처음부터 그 안에 내재되어 있던 관념이 발전된 것으로 보지 못할 까닭이 없다.[36]

성체성사의 전체적 맥락에서 한 가지 요소가 유리되지 않으면서 전체의 균형이 적절히 유지되는 한, 그런 식의 발전은 우려할 바가 아니었고 심지어 풍요롭기까지 했다.

그러나 중세를 거치면서 이 전체적 통일성은 사라지고 말았다.[37] 감사 행위로서의 제물 봉헌은 예수 그리스도라는 유일한 희생 제물이 기념 중에 현존하는 성사적 형태를 상실했고, 그에 따라 미사성제가 독립성을 띠는 위험이 싹텄다. 개혁주의자들이 이를 반대했다. 그들은 성찬례를 그저 [그리스도의 대속으로] 죄를 용서받은 데 대한 감사례로만 이해했을 뿐, 십자가의 희생을 성사적 차원에서 효과적으로 현재화하는 의미로는 이해할 수 없었다.[38] 그러나 오늘날 성찬례의 성사적 의미가 회복되어 성찬례를 예수 그리스도의 희생을 내포한 성사적 형태로 이해하면서, 관련 논쟁이 격렬한 가운데서도 어렵사리 차츰 합의의 길이 열리고 있다.[39]

이는 물론 문제의 비교적 가벼운 일면에 지나지 않는다. 교회일치와 관련하여 더 심각하게 고민해야 할 중요한 문제는 이것이다: '어느 정도까지 성찬례를 예수 그리스도 희생의 현재화일 뿐 아니라 교회의 희생 제사라 볼 것인가?' 더 분명하게 표현하면: '교회의 희생 제사가 (어느 정도까지) 그리스도 희생의 현재화라는 성사적 형태를 띠는가? 바로 이 물음에서 '성찬례는 아래로 향하는 차원과 더불어 위로 향하는 차원도 지니는가, 그렇다면 어느 정도까지 그러한가?'라는 근본 문제가 첨예화된다. 그것은 교회가 그리스도의 몸으로서 그분의 희생과 하나라는 사실과, 그리스도의 신부로서 그분께 순종하는 가운데 그분의 희생을 함께 걸머져야 한다는 사실로부터 예견되었다.[40] 이는 성경에 근거하여 얼마든지 생각해 볼 수 있는 문제다. (시편에서처럼) 하느님 말씀에 대한 인간의 응답 자체가 역시 하느님 말씀으로 이해될 수 있는 곳이라면 성경 어디서나 확인된다. 여기서도 주고받음은 상대적 대립 관계가 아니라 긴밀한 내적 연관 관계를 맺고 있다.

성찬례의 근본 형태가 '감사'라는 사실에서 도출되는 결론은 이러하다: 성찬례의 첫째 의미는 하느님께 대한 흠숭지례欽崇之禮(cultus divinus), 곧 하느님의 위대하신 구원 업적을 기념하면서 그분께 찬미와 영광과 믿음을 드리는 행위다. 인간적 욕구와 안일을 좇아 사는 우리 사회에서 흠숭지례의 봉헌적 측면은 날로 어렵게 느껴진다. 전례의 위기와 전례에 대한 만연한 무능의 근본 원인도 여기에 있지 않을까 한다. 바로 이러한 악조건 속에서는 사회적 합리성이라는 강박에서의 자유를 뜻하는 축제와 잔치가 순수 인간학적 관점에서도 유익할뿐더러 반드시 필요한 것이기도 하다.[41] 그러나 성찬례를 인간학적 의미로 환원시키는 것은 교회와 교회 전례의 올바른 현대화가 아니다. 이는 앞선 신학적 논의에 근거해서도 충분히 타당하다. 그에 따르면, 하느님께서 영광 받으심이 곧 인간의 구원이요 구원을 현재화하는 성사의 모습이다. 성찬례의 이 둘째 의미는 첫째 의미에 외적으로 덧붙여지는 것이 아니라 내적 관련성을 지니고 포함되어 있다. "하느님의 영광은 살아 숨 쉬는 인간이다."[42]

4. 성체성사는 성령 청원이다

인간은 '감사드림'을 통해 하느님께 나아간다. 이는 당연히 인간과 교회가 제 힘으로 이루는 행위가 아니며 독립적·자발적으로 쌓는 공로도 아니다. 성경에 따르면, 감사기도는 성령께서 이끄시는 기도다. 말하자면 '주입기도注入祈禱'oratio infusa, 곧 하느님께서 선사하신 은총이 다시금 하느님께 되돌려지는 기도다.[43] 따라서 성체성사는 성령을 보내 주시기를 하느님께 간절히 청하는 행위다. 그리하면 기념을 통해 현재화하는 구원 사업을 성령께서 완성시키실 것이다. 성령 청원(에피클레시스Epiklesis)[44]은 성찬례의 내적 정신이다. 이런 의미에서 감사와 희생과 성령 청원은 주님 성찬의 형태를 구성하는 요소가 된다.[45]

하느님의 축복을 간청하는 기도라는 성체성사의 이 특성은 결국 감사 · 찬양 · 성찬(*beraka, eulogia, eucharistia*) 개념의 성경적 이해에 근거한 것이다. 이 개념은 유다인의 식사기도에서도 그리스도교 성찬례에서도 핵심적 의미를 지닌다. 이 말이 하느님께서 인간에게 복을 내리심을 뜻하기도 하지만, 인간들이 그분의 이름을 찬미함으로써 하느님께서 강복해 주심도 뜻하기 때문이다.[46] 그래서 바오로 사도도 "우리가 축복하는 그 축복의 잔"(1코린 10,16)이라고 분명히 말했다.

하느님의 축복을 청하는 기도이자 우리가 축복하는 자리라는 성찬례의 이중적 의미를 근거로, 일찍이 초대교회에서 성찬례의 의미 변화가 어떻게 일어나기 시작했는지 알 수 있다. 성찬례의 의미는 중세를 거치면서 계속 변화를 거듭하다가 급기야 하느님께 대한 감사와 경배는 약화되고 하느님의 축복을 간구하는 측면만 부각되기에 이르렀다. 이러한 방향 전환은 세비야의 이시도루스가 '감사'

eucharistia를 '좋은 은총'bona gratia이라고 번역하면서 확연해졌다.[47] 성찬례를 기도와 은총으로 이해함으로써 나중에는 '미사'missa가 성찬례를 지칭하는 유력한 용어가 되었다. 미사의 본디 뜻은 강복 후 "미사가 끝났으니 가서 복음을 전합시다"Ite, missa est!라는 파견 선언에서 유래한다. 이 마침 예식에 근거하여 성찬례 전 과정이 축복을 비는 예식으로 이해되었다.[48] '로마 미사 전문'도 일련의 축제적 강복 절차를 제시한다.[49] 본디 감사기도에 속하는 감사송Präfation 직후 이렇게 청한다. "이 거룩하고 흠 없는 예물을 받으시고 강복하소서!" 그런 다음 축성문 직전에 또 이렇게 기도한다. "주 하느님, 이 예물을 너그러이 받아들이고 강복하소서!" 오늘날 이 '강복'을 제대로 이해하는 사람은 흔치 않다. 그러나 이 강복이 없다면 성찬례의 정신은 사라져 버릴 것이고 혼이 깃들지 않은 피상적이고 인간적인 행위가 되어 버릴 것이다. 오늘날의 교회일치 논의에서 성찬례를 '은총의 성사'로 이해하는 관점이 새삼 중요한 의미를 회복하고 있다니 더욱 기쁘다.[50]

성경에 따르면, 세상에서든 개인에게든 예수 그리스도의 구원 사업은 성령의 활동으로 실현된다. 성령은 명실

공히 종말론적 은총이다. 바오로 사도에게 영*Pneuma*은 성찬례 이해의 핵심 개념이다(1코린 10,3 이하 참조).[51] 육적 양식과 영적 양식 사이의 긴장은 요한 복음서 6장 52절 이하와 코린토 1서 10장 3절 이하의 말씀과 관련하여 오랜 전통으로 정착했다.[52] 성찬 공동체뿐 아니라 봉헌된 예물 위에도 성령이 임하시기를 간청하는 성령 청원 기도가 이런 관점을 분명히 드러낸다. 성찬례 전 과정이 일차적으로 성령 청원이다. 여러 전례 전통에서 각각 다른 형태로 정착되고 나름대로 해석된 성령 청원들은 성찬례 전체가 기도의 성격을 띠고 있음을 보여 준다.[53] 성령 청원은 성찬례가 교회나 성직자의 손에만 맡겨져 있지 않고, 자동적으로 수행되는 전례 행위도 아니며, 성령의 역사役事를 간청하는 겸손하고도 권능을 위임받은 기도라는 것을 분명히 한다. 그 때문에 제2차 바티칸 공의회 이후 미사 전례는 성령 청원의 쇄신에 가장 근본적인 의미를 부여했던 것이다. 이는 교회일치 측면에서도 중요한 의의가 있다. 오랜 세월, 성령 청원을 특별한 논쟁거리로 인식해 온[54] 동방교회와의 관계에서뿐만 아니라, 라틴 전례의 전통을 따르되 명시적 성령 청원은 하지 않고, 로마 가톨릭의 성

찬례 해석을 물화物化되고 왜곡된 이해라고 종종 비판하는 개혁교회와의 관계를 생각해 봐도 그러하다.[55]

성령 청원을 부각시킴으로써 미사의 '봉헌적 특성'이 새롭게 조명받는다. 예수님께서 "영원한 영을 통하여 흠 없는 당신 자신을 하느님께 바치"(히브 9,14)셨듯이 미사 중에 영을 통하여 우리 몸을 하느님께 제물로 바친다면 이 또한 '합당한 예물'oblatio rationabilis이라 할 것이다(참조: 로마 12,1; 1베드 2,5).[56] 따라서 그리스도교 희생 제사의 인격적·영성적 이해는 결국 성령의 활동에 대한 깨달음과 연계되어야 한다. 성령은 하느님과 인간을 식별하는 은총을 선사하시고, 무엇보다 우리가 하느님을 "아빠! 아버지!"(로마 8,15; 갈라 4,6) 하고 부를 수 있게 해 주신다. 감사기도 제3양식에서도 밝히듯이, 성령은 우리가 봉헌하는 예물을 하느님의 마음에 드시도록 거룩하게 하시는 분이기도 하다.

5. 성체성사는 친교다

성령께서 오심으로써 예수 그리스도의 구원 사업이 온 누리에 실현되고 세상과 역사가 '그리스도 안에서' 통합된다. 그래서 성체성사 때 성령의 활동은 그리스도 안에서 그리스도와 함께 누릴 친교communio(*koinonia*)를 목표로 삼는다. 이 친교는 인격적으로 예수 그리스도의 일부가 되어 그분과 가장 내밀한 개인적 교류를 가지는 것뿐 아니라 그리스도 안에서 한 몸을 이루는 교회적 일치로도 이해될 수 있다.[57] 인격적이든 교회적이든 친교는 성찬례의 목적이자 완성이다. 이 친교는 평화의 인사와 영성체를 통해 완성된다. 일찍이 아우구스티누스가 말했듯이, 성체성사는 그래서 "일치의 표징"signum unitatis이요 "사랑의 끈vinculum caritatis"[58]이다.

이 관점도 결국 예수님 친히 제정하신 성체성사에 근거한다. 성체성사는 다 함께 성만찬을 거행하는 동안 제정되었다. 이때 예수님께서는 관례를 깨고 거기 모인 모든 이로 하여금 하나의 잔을 서로 나누어 마시게 함으로써 새로운 계약을 맺으셨다. 여기에 특별한 의미가 있다. 종종 전례 운동에서 성찬례의 기본 형태를 식사라고 보는 관점도 여기서 유래했다.[59] 그러나 성찬례의 식사적 특성이라는 명제 때문에 실제 전례가 가끔 제멋대로 시도되곤 했다. 코린토 1서 11장 27절 이하의 말씀을 거슬러 성찬례가 향연이나 잔치와 별 다를 것 없어져 버리는 극단의 경우가 발생한 것이다. 성찬례의 식사적 특성이라는 명제는 예수님의 결정적이고 차별화된 행위가 만찬 때 이루어졌을지언정 일상적 만찬 형태를 깨는 파격이었음을 간과했다. 예수님의 특별한 말씀과 행동이 반복되는 데서 이미 보통 만찬과는 판이하게 구별된다. 이는 코린토 1서 11,17-34에서 바오로 사도가 분명히 정리했고, 2세기에 이미 확실히 종결된 사안이다.[60] 성찬례가 이른 아침에 거행되었다는 사실이 그 뚜렷한 증거다.[61] 성찬례를 '만찬'이라고 부른 것은 전례 역사상 완전히 새로운 사건이다.[62] 따라서 성찬례의 식사적 특성보다는 오히려 공동체적 특성, 그 교회적 차원을 주목하는 편이 더 바람직하겠다.

성경은 성체성사와 교회 간의 관계를 분명히 밝힌다. 최후 만찬 장면에 나오는 "계약의 피"(마르 14,24; 마태 26,28), 혹은 "내 피로 맺는 새 계약"(루카 22,20; 1코린 11,25)이라는 말씀이 그것이다.[63] 그로써 성체성사는 새로운 구원의 때와 새로운 구원 질서를 실현시키는 표징이 되었다. 이 새로운 구원의 실현은 하느님과 인간의 관계뿐 아니라 인간 상호 간의 관계까지 포괄한다. 바오로 사도는 이 점을 철저히 통찰했다. 그에게 성체성사를 통해 주님의 몸에 동참하는 일은 그리스도의 몸인 교회 공동체에 동참하는 것과 다르지 않았다(1코린 10,16 이하). 따라서 성체성사를 기념하는 교회는 새로운 구원 질서다.[64] 성체성사와 교회의 이 연관성을 아우구스티누스보다 더 깊이 이해한 사람은 없다. "여러분이 그리스도의 몸이요 지체라면, 성찬의 식탁 위에 각자의 비밀이 놓여 있습니다. … 지금 보는 것이 여러분의 모습입니다. 여러분의 모습을 받아들이십시오."[65]

11세기의 제2차 성체성사 논쟁으로 그때까지 그리스도의 신비체라 일컬었던 그리스도의 성사적 몸과 교회적 몸 사이의 연관성이 사라졌다. 당시 그리스도의 신비체란 표현은 순수한 상징적 의미로 오해받았다. 사람들은 그리스도의 실제적 몸이라는 표현을 썼고 그리스도의 신비체는 교회를 뜻했다. 성체성사와 교회의 연관성에 대한 인식은 그때 사라졌다.[66] 토마스 아퀴나스 같은 위대한 신학자들만 그 연관성을 깊이 자각하여 단호히 관철시켰다.[67] 그러나 불행히도 전반적으로 성체성사의 이해와 실천은 치명적 개별화·사유화의 길을 걷고 있었다.

이 일방적 발전 양상은 19세기 낭만주의 신학(특히 J.A. 묄러의 교회론)에 의해 얼마간 지속되다가, 20세기 전례 운동과 제2차 바티칸 공의회를 통해서야 비로소 제동이 걸리게 되었다. 지금은 전례 중심으로 모인 하느님 백성이 다시 성체성사의 주체로 새롭게 이해되어 만인의 '능동적 참여'가 규범이자 이상으로 부각되고 있다.[68] 전례 운동 초기, 공동체 미사가 개인 미사를 지나치게 금기시한 탓에, 정작 없어서는 안 될 인격적 요소, 즉 개별 회개와 기도, 개별 감사와 기념을 포함하는 그리스도와의 개별적 친교가 몹시 소홀히 여겨졌다.[69] 제대 앞에서 성사를 거행하는 오늘날의 형식들이 당시에는 명백한 신성모독에 해당되었을 것이다.[70] 인격적 친교와 교회적 친교 사이의 균형은 아직도 만족스러운 단계에 이르지 못한 듯하다.

성체성사의 교회적 차원에서는 성찬례 참여를 허용하는 문제를 다루는 중에 고려되어 왔다. 초교파·범세계적 차원의 성찬례는[71] 애초부터 배제되었던 것 같다. 신앙의 성사요 일치의 표징인 성체성사는 일치된 신앙과 하나인 세례를 전제로 한다. 성체성사는 이미 주어지고 전제된 그 일치를 정화하고 성숙시키고 심화시킨다.[72] 성체성사와 교회의 이 상호 관계는 교회 공동체와 성체성사 공동체를 구성하는 문제에 본질적이다. 가톨릭교회는 아직 이와 관련하여 완전한 공동체성을 실현하지 못했다. 가톨릭 교회와 정교회의 이해에 따르면, 일치의 성사로서의 성체성사는 완전한 교회 공동체 안에서만 가능하다. 이는 무엇보다 각 개별 교회 주교와의 일치는 물론, 베드로 사도의 교회일치 소임을 이어받은 로마 주교와의 일치를 통해 구현된다.

미사 중 감사기도 때 각 개별 교회 주교와 교황의 이름을 부르는 것이 결코 외형적인 행위가 아니다. 이는 친교의 표현이다. 개별적 성찬례는 이 친교 안에서만 가장 내밀한 본질적 의미를 지니게 된다. 성찬례의 공동 참여 문제가 왜 교도권 문제에서 특히 첨예하게 대두되는지는 이런 포괄적 연관성 속에서만 납득할 수 있다.[73] 이 문제는 따로 떼어서 다룰 것이 아니라, 친교로서의 성체성사가 지닌 전체 맥락 속에서 다루어야 한다. 성체성사의 친교 차원에 관한 논의를 교도권 문제로 축소시킨다면 매우 편협하고 불운한 결과가 야기될 것이다.

나아가 친교라는 성체성사의 특성에는 중요한 윤리적 측면도 있다.[74] 유다계 그리스도인과 이방계 그리스도인(안티오키아 교회), 빈자와 부자(코린토 교회)가 성찬 공동체에 함께 참여하는 것은 원시교회에서도 늘 문제였다. 유사한 갈등이 지금도 널리 상존한다. 이런 갈등은 성체성사의 본질에도 위배될뿐더러, 성찬례를 특권층의 배타적 축제로 만들든, 하층민의 혁명적 축제로 만들든, 성찬례에 민족적·계급적 성격을 부여하려 했던 원시교회의 결정에도 반한다. 공동의 축제라는 성찬례의 윤리적 전제와 귀결을 오인하면 성체성사의 본질에 심히 어긋나는 결과가 빚어진다. 성체성사는 구체적으로 실현된 아가페(마태 5,23 이하 참조)이며 그 최소치가 사회 정의의 구현이다. 일용할 양식을 나눌 수 없다면 성찬의 빵도 나눌 수 없다. 성찬례 모임이 세상에 파견되는 것으로 끝나는 데는 그만한 이유가 있다. 모임 없는 파견은 내면이 공허하고, 파견 없는 모임은 결실도 신뢰성도 없다.

6. 성체성사는 종말론적 표징이다

성체성사의 친교는 자신을 넘어서 세상과 그 종말론적 완성을 지향한다. 이로써 그것은 사회적 차원을 넘어 우주적 차원까지 확대된다. 여기서는 전체를 넌지시 조망하는 정도로만 짚고 넘어가자.[75]

다가올 하느님 나라에 관한 종말론적 전망은 예수님의 최후 만찬 말씀을 구성하는 중요한 요소다(마르 14,25와 공관 복음 병행구). 바오로 사도는 성찬례가 "주님께서 오실 때까지"(1코린 11,26) 주님의 죽음을 전하는 것이라 했다. 예루살렘 첫 신자 공동체는 날마다 빵을 떼어 나누면서 종말론적 기쁨을 앞당겨 누렸다(사도 2,46). 본질적으로 성찬례에는 잔치와 축제의 속성이 내재한다. 따라서 화려한 열광의 기운을 원천 봉쇄 하여 무뚝뚝한 엄격주의나 일면적 탈성사화의 희생물로 전락시키지 말아야겠다. 이는 교회 건축과 장식, 전례 음악과 용어, 복식과 예절 등에도 해당된다. 성찬례의 모든 과정은 다가올 하느님 나라를 미리 맛보는 기쁨이어야 한다.

성사적 상징성을 통해 온갖 피조물이 천상 혼인 잔치에 미리 참여하는 기쁨을 맛본다. '땅과 인간의 수고로 얻어진 결실'인 빵과 포도주를 봉헌함으로써 온갖 피조물이 하느님의 종말론적 영광을 미리 맛보고, 이 예물의 변화를 통해 세상의 종말론적 변화가 앞당겨 이루어진다. 그래서 감사기도 제1·3·4 양식 끝에 '그리스도를 통하여 세상에 온갖 좋은 것을 다 주신' 주님께서 '온갖 영예와 영광을 세세에 영원히 받으시도록' 기도하는 것이다. 성체성사는 '세상의 전례'(칼 라너)요 '세상의 미사'(테야르 드샤르댕)다.

7. 성체성사는 그리스도교 구원 신비의 총체다

성체성사의 각 측면에 대한 설명을 마무리하면서 우리는 이렇게 묻는다: 그렇다면 성체성사란 대체 무엇인가? 대답은 이렇다: 성체성사는 그리스도의 모든 구원 신비를 성사적 방식으로 현재화하고 총괄하는 행위다. 성체성사는 태초의 창조와 종말의 새로운 창조를 포괄하며, 인간에 대한 하느님의 부르심과 그에 대한 인간의 응답을 표현한다. 성체성사는 예수 그리스도의 삶과 죽음과 부활이 집약된 유산이다. 성체성사는 하느님께 대한 찬양이며 인간의 개별적·교회적 구원이자 동시에 은총이요 봉헌이다. 따라서 성체성사는 그 다양한 측면 가운데 유독 하나에만 기대어 이해될 수 없다. 성체성사는 오직 식사만도, 감사만도, 제사만도 아니다. 그것은 하느님의 은총(아래로 향하는)이자 감사의 희생 제사(위로 향하는)다. 하느님의 자기 희생과 그에 대한 응답을 한 인격체 안에 구현하신 예수 그리스도의 인격과 활동을 현재화하기 때문이다.[76] 그러

나 일찍이 오리게네스에게서 영감을 얻은 이 대단한 도식
에만 안주할 수는 없다. 어떻게 이러한 두 움직임(하느님의
부르심과 인간의 응답)의 일치가 그리스도론적 이해 도식 안에
서 좀 더 분명하게 이해될 것인지가 정작 살펴야 할 관건
이다. 이 질문에 대답함으로써 비로소 성체성사의 다양한
측면들을 일치시키는 문제도 해결될 수 있을 것이다. 하
느님이자 인간이신 예수 그리스도는 신성과 인성을 추후
에 짜 맞춘 존재가 아니다. 말씀의 인격성이 인간 예수님
의 실체적 근거다. 그분은 철저히 하느님께 감사하면서
자신을 오롯이 내어 드리고 순종하는 참되고 완전한 인
간, 새로운 인간이다. 아버지와 인간들에게 자신을 봉헌
하는 예수 그리스도의 궁극적 헌신은 그분이 온전히 하느
님이자 온전히 인간이심을 말해 준다. 이 그리스도론적
본성 진술과 유비적으로, 성체성사 안에서도 '위로 향한
움직임'과 '아래로 향한 움직임'이 평면적 선후 관계가 아
니라 입체적 혼합 관계를 띤다. '그리스도 사건'과 유비적
으로, 성체성사 안에서도 창조의 선물인 빵과 포도주의
점유가 일어난다. 이때 빵과 포도주의 고유한 실체가 사
라지고 순수 표징으로 변하면서 예수 그리스도의 희생 봉

헌이 성사적으로 상징화된다.[77] 이 변화는 다시, 교회가 성령을 통해 예수님의 희생 봉헌과 결합하여 온전히 그분과 함께 그분 안에서 그분과 하나가 됨으로써 완성된다. 성체성사의 세 측면은 불가분의 내적 통일성을 가진다. 유감스럽게도 '강단' 신학에서는 그 상호 관계가 고려되지 않은 채, 성체성사의 실체적 현존, 제사로서의 성체성사, 성사로서의 성체성사 등으로 나열되고 있다. 이들은 예수 그리스도 구원 신비의 성사적 현재화라는 통일적 전체의 단면들이다.

그리스도론적 관점도 다양한 관점에서 새롭게 해석될 수 있고 또 그래야 한다. 예수 그리스도의 신비가 삼위일체 신비의 계시에 의해서만 이해될 수 있듯이, 성체성사 또한 그러하다. 성찬례도 결국 삼위일체의 틀 안에서 이루어진다(「전례헌장」 6항 참조). 감사기도는 전 존재와 전체 구원사의 원천이신 아버지를 지향하며, 교회는 성찬례 중에 인간에게 내리는 하느님의 은총과 그리스도를 통해 전달되는 당신 자비를 감사로이 받아 누린다. 이는 교회가 지극히 내밀한 친교를 통해 그리스도와 결합하기 위함이다. 이 둘은 성령의 힘으로 일어난다. 성령은 우리를 그리스도와 친교를 맺도록 준비시키고 이 친교로 말미암아 그리스도교 생활이 풍요로워지도록 돕는다. 결국 삼위일체적 인격의 자기희생과 자기중재가 성찬례 중에 성사적으로 표현되고 현재화되는 것이다. 이 삼위일체 신앙고백이 교의적 고백이라면 성찬례는 전체 구원 신비의 성사적 축약이다. 성체성사와 삼위일체 교의는 그리스도를 통하여 성령과 더불어 드러나는 하느님의 구원 신비를 각기 다른 방식으로 표현하는 상징이다.

성체성사 영성의 기본 윤곽은 이러한 포괄적 이해에서 그려질 수 있다. 그 가운데 하나가 관상과 활동, 은총과 봉헌의 긴밀한 일치일 것이다. 성체성사 영성은 현대 교회 생활에서 야기되는 대립과, 무엇보다 성체성사 자체의 이해와 실천을 위협하는 갈등을 극복할 수 있어야겠다. 성체성사 영성은 또한, 우리로 하여금 미사 전례에 함께 모이는 것과 세상에 파견되는 일을 하나로 파악할 수 있는 능력을 갖추게 해야 할 것이다.[78]

VI. 성체성사는 일치의 성사다
성체성사와 교회의 내적 연관성

1. 성체성사의 '사실'

기존 교의신학 교재는 '성체성사는 일치의 성사다'라는 우리의 주제를 매우 소략하게 다루거나 전혀 다루지 않는다. 모든 내용이 '실체 변화론'이나 '실체적 현존과 제사적 특성'에만 집중되어 있다. 성경을 읽고 교부와 스콜라 신학자들의 저술을 살피면, 더욱 포괄적이고 색다른 성체성사의 모습이 드러난다. 그리스도의 실체적 현존이나 미사의 제사적 특성도 당연히 성체성사의 모습에 해당되나, 일치의 성사라는 개념을 통해 성체성사는 더 폭넓은 연관성을 지닌다.

바오로 사도가 주님의 성찬에 대해 언급할 때는 "여러분이 교회 모임을 가질 때에"(1코린 11,18.20; 참조: 14,26)라고 쓴다. 바오로 사도에게 성찬례는 '모임'이다. 히브리인들에게 보낸 서간에도 같은 표현이 여러 번 나온다. 초기 교부들은 이 말을 하나의 용어로 정착시켰다. 성찬례의 가장 오랜 명칭 가운데 하나는 '모임' 혹은 '회합'의 뜻을 지닌 *synaxis*다.[1] 히브리어 *qahal*의 그리스어 번역 *ekklesia*도 '교회'로 알려져 있지만, 원뜻은 '모임'이다.[2] 이 둘을 종합하건대, 교회는 '성체성사를 거행하기 위한 모임'으

로 정의할 수 있다. 그리스도인들이 주님의 만찬을 기념
하는 성체성사를 거행하기 위해 모이는 곳이라면 어디에
나 교회는 존재한다.

성체성사를 성경과 교부들의 가르침을 따라 제대로 이
해하려면, 처음부터 개인주의적 해석은 피해야 한다. 이
는 결코, 친교에서 예수 그리스도와의 개인적 일치와 유
대가 중요하지 않다는 뜻이 아니다. 그러나 성경과 초대
교회와 중세 전통에서는 그리스도와의 개인적 유대가 늘
'전체 교회의 친교'와 더 광범위하게 연계되어 있었다. 성
체성사의 이 공동체성은 날이 갈수록 약화되었다. 근대의
개인주의와 주관주의는 성체성사의 통상적 이해뿐 아니
라 그 실천적 측면에서도 여실히 드러났다. 20세기 전반
에 일기 시작하여 제2차 바티칸 공의회가 공인한 교회쇄
신운동이 전환점이었다. 그러나 그것은 엄밀한 의미에서
'쇄신'이 아니었다. 원천으로 돌아가는 일이었고 전통의
뿌리를 되새기는 일이었다.

성체성사와 교회 간의 관계를 깊이 통찰하여 개념화시
킨 이가 바로 위대한 교부 아우구스티누스다. 그는 성체
성사를 "일치의 표징이요 사랑의 끈"[3]이라 했다. 교회는

이 말을 깊이 새겨, 제4차 라테란 공의회,[4] 트렌토 공의회,[5] 제2차 바티칸 공의회 문헌(「전례헌장」 47항; 「교회헌장」 3항, 7항, 11항, 26항 등) 등에 인용했다. 이 말은 토마스 아퀴나스에게도 영향을 끼쳤다.[6] '모임'*synaxis*이라는 성찬례의 옛 명칭을 알고 있던[7] 그는, 성체성사를 '교회적 일치의 성사' sacramentum ecclesiasticae unitatis라 불렀다.[8]

성체성사를 '일치의 성사'로 이해하는 것은 보나벤투라나 토마스 아퀴나스 같은 신학자에게 결코 지엽적이거나 사소한 일이 아니다. 경건한 열정의 과잉도 아니고, 그리스도의 실체적 현존과 성체성사의 제사적 특성에 관한 교의적 진리에 딴소리를 덧붙이자는 것도 아니다. 성체성사를 '일치의 성사'로 이해하는 것은, 그들에게 성체성사의 본질을 꿰뚫는 것이었다. 그들은 예수 그리스도의 현존이 성체성사 고유의 본질은 아니라고 보았다. 그들에게 성체성사는 '중간의 실재성'Zwischenwirklichkeit일 뿐이다. 그들은 이를 '사실이자 성사'res et sacramentum라 불렀다. 말하자면 그것은 하나의 '사실'Sache이면서 다시금 본디 '사실'을 가리키는 표징이다. 성체성사의 본디 '사실'은 교회일치다.[9] 교회일치는 '사실'res로서 성체성사의 존재 이유다.

이 최초의 확신은 오늘날 성체성사 논쟁이 도달해야 할 결론을 함축하고 있다. 앞의 논의가 옳다면, 성체성사 이해의 위기는 결국 교회의 위기다. 오늘날 일부 교회가 위기를 감지하고 있다. 그렇다면 이런 위기 속에서는 아무리 절박하다고 해도 이런저런 개별적 문제나 외적 개혁에만 매달려 있으면 안 된다. 문제는 더 깊은 곳에 도사리고 있다. 우리는 더욱 철저히 '사실', 즉 성체성사의 총체적 의미와 더불어 교회의 총체적 의미까지 따져 보아야 한다. 또한 성체성사를 이해할 때 일방적 개인주의와 편협한 공동체의 관점에서 벗어나야 한다. 성체성사를 교회 일치의 문제로 흡수시켜야 한다. "교회는 곧 하느님과 이루는 깊은 결합과 온 인류가 이루는 일치의 표징이며 도구"(「교회헌장」 1항)다.

2. 일치냐 다양성이냐?

일치와 다양성에 관한 논의들을 넓고 깊게 이해하기 위해, 먼저 철학적 사유에서 출발하여 일치가 뜻하는 바가 무엇인지 살펴보자. 이런 고찰은 성체성사를 교회는 물론, 교회를 넘어 전 존재에 적용시키는 데 도움이 된다.

단일성과 다수성의 문제는 철학적 사유가 싹틀 무렵부터 파르메니데스, 플라톤, 아리스토텔레스에게 철학의 근본 문제들 가운데 하나였다. 이들에게 '일자'는 '다자'의 근거이자 척도다. '다자'는 '일자'라는 척도에 의해서만 가늠될 수 있다. '일자'는 모든 실재의 근거이자 의미다. 이에 대한 스콜라 철학의 명제는 이렇다: '존재와 일자者는 통한다'Ens et unum convertuntur, '존재란 일자를 뜻한다'Sein besagt Einssein.[10] 고대와 중세 이래, 모든 실재는 '일자'로부터 큰 동심원을 그리며 발출하고 결국 단일성으로 회귀한다는 생각이 팽배했다.[11]

성체성사를 일치의 성사라고 말하려면, 모든 것을 포괄하는 지평에서 고찰하고 성체성사를 모든 실재의 근거와 의미 문제와 연관성 속에서 이해해야 한다. 그렇다면, 모든 실재의 의미에 대한 근본 물음에 그리스도교가 어떻게 답하느냐 하는 것이 성체성사 이해의 관건이다.

전통적으로 자명했던 것이 오늘날 우리에게는 문제시되고 의심스러워졌다. 도처에 다원주의의 목소리가 높다. 다원주의란 개념은 현재 관점에서 실재의 경험을 특징지으려는 근본 개념으로 자리매김했다. 이 사조는 나름대로 매력과 설득력이 있다. 다수성만이 전체가 경험되는 유일한 방식이라는 것이 소위 포스트모더니즘 철학의 근본 주장이다. 전체주의적 사고라는 혐의를 받지 않으려는 한, 사유 방식에서 실재의 다수성 뒤로 물러날 수도 없고 그래서도 안 된다고 이 사조는 확신한다.[12]

이런 일반적 의혹 때문에 성체성사와 교회일치의 연관성도 의심스러워졌다. 1951년에 에른스트 캐제만은 신약의 정경들이 교회일치가 아니라 종파 다양성의 근거를 제시한다는 명제를 내세웠다.[13] 이 명제는 교회론적 다원주의와 상대주의의 근거로 작용했다. 이 사조는 새로운 종파는 물론, 교회 민족주의나 교회 지역주의까지 야기시켰다.[14] 그로부터 각기 다른 종파들을 굳이 하나로 일치시킬 필요가 없고, 심지어 일부 종파적 불일치가 있으면 있는 대로 다양성이 인정되어야 한다는 결론이 도출되곤 했다. 이는 교회론적 다원주의가 성체성사의 연관성을 해소할 때만 이치에 맞다. 그렇다면 '친교의 일치'가 아니라 차라리 (종파 간의) '상호 친교'에 대해 논의해야 할 것이다.

이 철학적·신학적 사유는 소심해졌다. 스스로를 '나약한 사유'pensiero debole(G. Vattimo)[15]라고 칭하는 것도 우연이 아니다. 사람들은 사실적 다원주의만으로 만족하여 더는 일치와 전체의 의미와 공동의 보편적 연관성에 대해 묻지 않는다. 그래서 충만한 친교와 달성 가능한 일치를 위해 노력하는 대신 종파의 다양성에 안주하고 있다.

이 소심한 사고는 사유의 정점에 이르지도 못하고, 성경의 증언과 교회 전통만도 못하다. 일치는 성경과 교회 전통의 근본 범주이기 때문이다. 성경에 따르면, 다툼과 분열과 와해는 죄의 결과다. 이른바 바벨탑의 언어 불통 현상이 그것이다(창세 11,7-9). 이에 맞서 성경은 하나이신 하느님, 하나인 인류, 하나이신 구세주, 하나이신 성령, 하나인 세례 그리고 하나인 교회에 대한 복음을 선포한다(에페 4,4-6 참조).

일치에 대한 사유의 근본 함의는 무엇보다 마지막 날에 이스라엘을 모아들이고(참조: 이사 40,11; 예레 23,3 이하; 31,10; 에제 34장; 37장) 만백성을 모아들여(참조: 이사 2,2-5; 미카 4,1-3; 에제 37,16-28) 구원을 완성하실 하느님의 구원 계획에서 드러난다.[16] 이는 인종·문화·종교적 갈등의 극복을 의미한다. 이 종말론적 '모아들임'은 예수님께서 하느님 나라가 가까이 왔음을 선포하실 때 이미 시작되었다(참조: 마르 1,14

이하와 공관복음 병행구). 그분의 죽음으로 적개심의 장벽이 허물어지고 평화가 다시 세워졌다(에페 2,14 참조). 그리스도 안에서 유다인과 이민족, 노예와 자유인, 남자와 여자의 해묵은 차별이 사라졌다(갈라 3,28 참조). 예수 그리스도 안에서 모든 것이 하나가 되어야 한다(참조: 에페 1,10; 콜로 1,20). 그렇게 하느님께서는 마지막 날에 "모든 것 안에서 모든 것이 되실"(1코린 15,28) 것이다. 이것이 바로 성경이 '샬롬'이라 일컫는 희망이다.

3. 성체성사의 우주적 차원

"하느님께서는 모든 것 안에서 모든 것이 되실 것입니다"(1코린 15,28). 이것이 예수님께서 선포하신 '하느님 나라' 의 의미다. '하느님 나라'의 선포는 그분이 지상에서 행하신 모든 활동의 요체였다(참조: 마르 1,15 이하와 공관복음 병행구).[17] 예수님께서는 최후 만찬도 이 하느님 나라에 관한 복음의 지평에서 거행하셨다. 성체성사와 하느님 나라 선포의 연관성은 네 복음서의 최후 만찬 보도에서 완연해진다. 이들은 하나같이 다가올 하느님 나라에 대한 종말론적 전망을 포함한다. 마르코 복음서는 이렇게 전한다. "이는 많은 사람을 위하여 흘리는 내 계약의 피다. 내가 진실로 너희에게 말한다. 내가 하느님 나라에서 새 포도주를 마실 그날까지, 포도나무 열매로 빚은 것을 결코 다시는 마시지 않겠다"(마르 14,25; 참조: 마태 26,29; 루카 22,16; 1코린 11,25-26).

비판적 주석가들도 이 구절의 본질적 의미를 예수 그리스도 자신에게서 찾는다. 예수님께서는 최후 만찬에서 당신의 지상 활동을 총결산하시는 동시에 전 존재의 완성을 앞당겨 보셨다는 것이다. 그분은 제자들과 함께하신 최후 만찬을 종말론적 지평에서 이해하셨다. 초대 공동체는 이 종말론적 차원을 이해했기에 '마라나 타!'(저희의 주님, 오십시오!)라고 외쳤다(1코린 16,22; 묵시 22,20; 『디다케』 10,6). 성체성사가 '하느님 나라의 성사'(A. Schmemann)인 이유가 바로 여기에 있다.

재림을 요청하고 희망차게 기다림으로써 성체성사는 범우주적 차원으로 확대된다. 빵과 포도주는 창조의 선물이자 인간적 노작勞作의 결실이다. 어떤 의미에서 모든 실재의 종말론적 변화는 빵과 포도주가 성체성사적 사건으로 유입될 때 이미 일어난다. 그 때문에 성찬 전례에는 조명, 예복, 음악 등 인간이 기교를 들여 만든 모든 것이 매우 중요한 역할을 한다. 이는 외적 호사벽도 값싼 영광주의도 아니다. 오히려 성체성사 중에 하늘 나라가 이 땅에 펼쳐지고 현존하는 모습이 표현되어야 한다. 히브리서는 이 모습을 이렇게 확신한다. "여러분이 나아간 곳은 시온 산이고 살아 계신 하느님의 도성이며 천상 예루살렘으로, 무수한 천사들의 축제 집회와 하늘에 등록된 맏아들들의 모임이 이루어지는 곳입니다"(히브 12,22-23).

동방교회의 전례와 신학에는 이런 측면이 특히 활기를 띤다.[18] 제2차 바티칸 공의회 이후 서방교회의 전례는 유감스럽게도 문화적 욕구가 사라지고 소박해졌다. 우리는 전례와 문화가 밀접히 연관되어 있고 성체성사가 모든 실재에 대한 종말론적 찬양을 앞당겨 거행한다는 사실을 잊었다. 성체성사가 천상의 미사missa coelestis를 현재화하는 것이기에, 그것은 또한 세상의 미사missa mundi이기도 하다. 성체성사는 하느님의 천상 영광과 세상의 종말론적 완성을 앞당겨 맛보는 것이다. 성체성사를 통해 세상은 창조주를 찬양하며 다시 하나가 된다. 말하자면, 구원받는다. 성체성사와 전례의 범우주적 차원은 오늘날 새롭게 재발견되어야 마땅하다.[19]

이러한 사유의 현대적 형태는 무엇보다 테야르 드샤르댕이 1923년에 쓴 『세상의 미사』*Messe über die Welt*를 통해 밝혀지기 시작했다.[20] 두루 포괄적인 전통적 가르침이 편파적이고 개인주의적인 이해에 가리어진 교회의 현 상황 속에서, 그는 성체성사의 우주적 차원과 영향력을 새롭게 발견했다. 그는 말뜻 그대로의 실체 변화를 로고스의 보편적 현존과 혼동하지 않았다. 성체성사는 우주적 움직임의 방향을 제시하고 선취한다. 이것이 말하자면 세상의 신화神化다.

개인주의적 단견이나 성체성사를 편협한 공동체의 관점으로 새삼 환원시키려는 태도에 맞서서 범우주적 차원을 회복시켜야 한다. 이 요청은 아시아·아프리카와 라틴아메리카의 오랜 토착 자연 종교와의 비판적이고 건설적인 만남뿐 아니라 뉴에이지 같은 새로운 종교 운동과의 대결이라는 선교적 필요성에도 부합한다. 뉴에이지는, 근대 서구에서 한때 각광받다가 오늘날에는 시들해진 인간 중심적 세계관에 대한 비판적 반동으로, 자연친화적·우주적 세계관에 대한 관심사들을 재수용하려는 운동이다. 앞서 언급한 요청은 "인간이 세상 만물의 중심이자 정점"

(「사목헌장」 12항)임을 포기하지 않을 때만 충족될 수 있다. 물론 이는 신학의 존재론적 근거와 전제들을 새롭게 숙고해 보자는 취지와 다르지 않다. 아마 이것이 현대 신학의 가장 근본적인 과제가 아닌가 한다.

4. 희생 봉헌으로서의 성체성사: 십자가 아래의 친교 공동체

성체성사의 범우주적 차원에 관한 통찰은 더욱 광범위한 시각에서 심화되어야 한다. 우리 사는 세상은 온전하지 않다. 분열과 갈등으로 점철되어 있다. 일치는 깨지고 화해와 치유를 바라는 아우성만 가득하다. 그러므로 우리 그리스도인들에게 세상의 구원은 십자가 표지에 있다. 그리스도교 미술은 십자가와 지구를 한데 묶어 그림으로써 이런 관계를 표현했다. 이 경우 십자가를 지구 속에 그려 넣거나 지구를 십자가 안에 그려 넣었다.

이 시각은 성경의 최후 만찬 본문과 상응한다. 제자들과 함께한 예수님의 최후 만찬은 당신 수난과 죽음 전야에 거행되었다. 이미 십자가 그림자가 짙게 드리워지고 있었다. 그 때문에 특히 마르코와 마태오는 복음서를 쓰면서 구약성경의 희생 개념을 받아들였다. 그들은 시나이

산에서 맺은 계약을 재수용하여 최후 만찬 사건을 해석하고 "계약의 피"(탈출 24,8; 마태 26,28; 마르 14,24)라는 말을 썼다.

현대인에게 이런 진술은 당연히 별 설득력이 없다. 물론 이 진술은 불트만 식으로 탈신화화될 수도 없고 실존적으로 해석될 수도 없다. 고대 세계와 구약성경에서 그런 진술은 모든 것을 포괄하는 종교적 세계관의 맥락에서 이해되었다. 개인의 죄는 신적 질서를 거슬러 사회 전체에 누를 끼치는 것이었다. 따라서 속죄 행위를 통해 기워갚아야 한다. 속죄는 죄인의 추방을 통해 이루어졌다. 그것은 사실상 죽음이었다. 혹은 속죄양 같은 희생 동물에 자기 죄를 짐 지워 추방함으로써 대신 죽게 하기도 했다. 죄 때문에 훼손된 신적 질서가 이로써 회복되는 것이다.[21]

"'주님의 종'의 넷째 노래"(이사 52,13-53,12)에 나타나는 대속 사상은 신약성경, 특히 최후 만찬 구절에서 그리스도론적으로 해석되었다: "이는 너희를 위한 내 몸이다"(1코린 11,24; 루카 22,19) 혹은 "이는 많은 사람을 위하여 흘리는 내 계약의 피다"(마르 14,24; 마태 26,28). 몸은 육을 지닌 인간 존재를 의미하며, 피는 총체적으로 그 생명을 뜻한다. 이 말씀으로 예수님께서 남기신 뜻은 이러하다: 나는 너희와 모

든 이들을 위하여 나 자신과 내 생명을 내어 주는 존재다.'

바오로 사도는 그리스도께서 스스로 대속의 죽음을 택하신 정황을 매우 대담하게 묘사했다. "그리스도께서는 우리를 위하여 스스로 저주받은 몸이 되시어, 우리를 율법의 저주에서 속량해 주셨습니다"(갈라 3,13; 참조: 2코린 5,21). 그분은 저주와 죄의 역사를 스스로 짊어지셨다. 기꺼이 죽음의 암혈을 지나 하느님 나라에 드는 생명의 문을 열어 주셨다. 그분의 죽음은 미움과 폭력에 대한 사랑의 승리요, 죄의 권세를 이기는 순명의 승리였다. 그분으로 인해 세상은 근본적으로 변화되었다.[22]

신약성경 최후 만찬 구절에는 희생 봉헌과 관련된 용어가 뚜렷이 나타난다. 성체성사의 제사적 특성을 어떻게 부정할 수 있었는지, 오늘날 성체성사를 어떻게 친교의 식사 정도로 환원할 수 있는지, 그래서 더욱 납득하기 어렵다. 그렇다고 성체성사의 제사적 특성이 식탁 공동체적 특성을 아예 배제하는 것은 아니다. 전자는 후자의 내적 근거를 제공한다. 구약성경의 관점에 따르면, 희생 제물의 피를 뿌림으로써 혈연 공동체가 성립하며, 그로써 계약 공동체가 다시 세워지기 때문이다. 우리를 위하여 바친 몸에 동참한다는 것은 그리스도의 몸을 중심으로 새로운 공동체, 곧 교회가 세워졌음을 뜻한다(1코린 10,16 이하 참조). 희생과 일치는 이렇듯 긴밀히 결합되어 있다. 희생은 화해를 도와 와해된 일치를 재건한다. 근거인즉 이러하다: "그리스도는 우리의 평화이십니다. 그분께서는 당신의 몸으로 유다인과 이민족을 하나로 만드시고 이 둘을 가르는 장벽인 적개심을 허무셨습니다"(에페 2,14); "곧 하느님께서는 그리스도 안에서 세상을 당신과 화해하게 하시면서 사람들에게 그들의 잘못을 따지지 않으시고 우리에게 화해의 말씀을 맡기셨습니다"(2코린 5,19).

신학에서도 대개 그렇듯이, 여기서도 양자택일의 오류를 조심해야 한다. 식탁 공동체적 특성과 제사적 특성은 상호 대립적 관계가 아니다. 제사적 특성은 공동체적 특성의 근거다. 게다가 제사적 특성은 공동체적 특성이 범속하고 진부해지지 않도록 보호한다. 전자는 후자를 깊은 차원으로 인도한다. 죄로 얼룩진 이 세상에서 일치와 평화는 용서를 통해서만 가능하다. 십자가 희생의 특성을 포기하는 순간 성체성사의 엄숙한 공동체성은 사라지고 만다. 성체성사 공동체는 십자가 아래에 있다.

여기서 제2차 바티칸 공의회 이후 신학의 약점이 드러난다. 일치와 공동체가 십자가를 통해서만 가능하다는 진술은, 용서와 참회의 성사가 전제되지 않은 성체성사는 일치의 성사일 수 없다는 또 다른 진술을 포함한다. 옛 교회도 이 연관성을 충분히 인식하고, 죄인을 성체성사 공동체에 다시 받아들이는 것을 참회의 성사의 가시적 형태로 이해했다. 따라서 그들에게 친교communio와 파문excommunicatio과 화해reconciliatio는 별개의 행위가 아니었다.[23]

제2차 바티칸 공의회 이전에는 참회와 성체성사의 이런 연계성을 실천적 차원에서 지나치게 밀접하게 보았을 수도 있지만, 오늘날 우리는 제단에 예물을 바치기 전에 먼저 형제와 화해하라는 산상 설교의 권유(마태 5,23 이하 참조)를 진지하게 받아들이고 있는지, 주님의 몸을 분별없이 먹고 마시지 말라는 바오로 사도의 훈계(1코린 11,29 참조)를 가슴 깊이 새기고 있는지 자문해 보아야 한다. 이 두 가르침은 교회일치운동과 관련해서도 큰 의미를 지닌다. 회개와 쇄신 없이는 일치도 이룰 수 없기 때문이다.[24]

'헐값의 은총'Billige Gnade, '헐값의 성찬례'에 대한 루터교 신학자 디트리히 본회퍼의 경고는 정당하다. 그는

1945년 나치에 의해 처형되었다. "헐값의 은총이란 투매 상품처럼 … 값싸게 치러지는 성사다. … 공동체 규칙 없이 베푸는 세례, 죄 고백 없이 이루어지는 성찬례, 개인의 참회가 따르지 않는 용서가 다 헐값의 은총이다."[25] 본회퍼는 '헐값의 은총'을 교회 몰락의 원인으로 꼽았다. 함께 모여 식사하는 성체성사의 공동체적 특성을 재발견하고 쇄신하는 것이 중요하다는 것은 의심의 여지가 없다. 분별 있는 자라면 이를 물리치지 않을 것이다. 십자가와 참회를 간과한 피상적 이해는 바로 이 측면을 사소한 것으로 치부하여, 오늘날 교회 생활에서 흔히 보듯이, 결국 성체성사의 위기를 초래할 것이다.

5. 성체성사와 교회의 내적 연관성

교회가 예수님의 출현과 그분의 복음에 기반을 두고 있다는 견해는 종종 논란을 불러 일으켰다. 아돌프 폰 하르나크의 자유주의 신학의 영향으로, 예수님의 하느님 나라 복음에 관한 개인주의적 견해의 여파가 오래 지속되었다. 폰 하르나크는 그의 명성을 드높인 1900년도 강의 '그리스도교 신앙의 본질'에서 이렇게 밝혔다. "하느님 나라는 각 개인의 영혼에 진입함으로써 도래하며, 개인의 영혼이 그 나라를 알아보게 된다. … 여기서 외적·세계사적 의미의 모든 극적 장면은 사라지고, 미래에 대한 온갖 외적 희망도 빛을 잃는다."[26]

이런 개인주의적 시각을 극복하고 그리스도교 신앙과 성체성사의 공동체적 특성을 새롭게 발견하려는 노력이 다양하게 전개되었다. 신낭만주의 공동체 사상(과르디니), 이와 유사한 슬라브계의 소보르노스트 교회론sobornost-Ekklesiologie(코미아코프), 이 맥락에서 묄러의 영향, 특히 교부학의 재발견(드 뤼박)과 성경 연구 등이 그것이다.

성경에 근거하면, 무엇보다 예수께서 제자들의 큰 무리에서 특별한 방식으로 "열둘을 세우시고 그들을 사도라 이름하셨다"(마르 3,13-19와 공관복음 병행구)는 사실이 개인주의적 관점을 반박한다. 예수님께서는 당신을 예언자들을 통해 약속된, 이스라엘의 잃어버린 양 떼를 모으는 목자라 하셨다(참조: 마르 6,34; 요한 10장). 그러므로 열두 제자를 뽑아 세우심은 당신께서 하느님의 백성을 불러 모으실 것임을 분명히 드러내는 일종의 예언적 표징 행위다. 종말론적 하느님 백성을 대표하여 열두 제자가 최후 만찬에 참석했다. 예수님께서는 만찬 석상에서 당신 죽음 후 "주님께서 오실 때까지"(1코린 11,26) 주님을 기억하고 주님의 죽으심을 전할 제자 공동체의 미래를 내다보셨다(마르 14, 25와 공관복음 병행구).

그리하여 예수께서 죽으시고 하늘에 오르시고 성령이 강림하신 후 신자들은 "날마다 한마음으로 성전에 열심히 모이고 이 집 저 집에서 빵을 떼어 나누었다"(사도 2,46). 이처럼 한마음으로 '한자리에' ἐπὶ τὸ αὐτὸ 모이는 것은 초대 교회의 특징이자 근간이었다(사도 2,1.44.47). 바오로 사도는 이 '한자리에'란 표현을 성찬례를 거행하기 위해 한데 모이는 교회와 같은 뜻으로 썼다(1코린 11,18.20). 이 표현을 전례 용어로 정착시킨 이는 안티오키아의 이냐티우스다.[27]

그러니까 '성찬례 모임'과 '교회'는 처음부터 같은 의미였다. 여기서 신약성경의 네 가지 최후 만찬 보도에 이미 전례 양식의 흔적이 뚜렷이 나타난다는 것을 알 수 있다. 그 보도는 단지 예수님이 제자들과 함께하신 최후 만찬에 대해서뿐 아니라 초대 교회에서 거행된 성찬례에 대한 내용도 담고 있다. 성찬례 없는 교회란 애초부터 없었다. 처음부터 교회는 성찬례를 위한 모임으로 이해되었다.

바오로 사도는 코린토 1서에서 교회와 주님 성찬의 내적 연관성을 분명히 통찰했다. 그에 따르면 우리는 세례를 통해 이미 그리스도와 한 몸을 이룬다(참조: 로마 6,3-5; 1코린 12,12 이하; 갈라 3,27 이하). 성찬례의 잔을 나누어 마시고 성찬례의 빵 조각을 나누어 먹는 것에 대해서도 바오로 사도는 유사한 말을 한다. "우리가 축복하는 그 축복의 잔은 그리스도의 피에 동참하는 것이 아닙니까? 우리가 떼는 빵은 그리스도의 몸에 동참하는 것이 아닙니까? 빵이 하나이므로 우리는 여럿일지라도 한 몸입니다. 우리 모두 한 빵을 함께 나누기 때문입니다"(1코린 10,16-17).

바오로 사도가 말하려는 바는 이렇다: 우리는 '잔'과 '빵'을 '나누어 받음'$\kappa o \iota \nu \omega \nu \acute{\iota} \alpha$(participatio)으로써 그리스도의 죽음과 부활에 동참하고, 서로 결합하여 주님과 한 몸을 이룬다. 이것이 바로 교회다. 성체성사는 이러한 신앙 공동체를 새롭게 건설하는 일이 아니다. 세례를 통해 선사받은 공동체가 이미 전제되어 있다. 그러나 성체성사 공동체는 세례 공동체를 활성화시키고 쇄신하고 심화시킨다. 그런 의미에서 성체성사를 통해 주님의 몸을 나누어 받음으로써 교회이신 그리스도의 몸에 동참하게 되고, 그

리스도인들끼리의 교회 공동체를 이루게 되는 것이다.[28]

앞의 성경 인용문은 교회의 자의식에 깊이 각인되었다. 동·서방 교부들도 성체성사가 일치의 성사라는 사실을 확고히 지지하면서, 이 모티브를 관심 있게 다루었다. "이 빵 조각들이 산 위에서 흩어졌다가 모여 하나가 된 것처럼, 당신 교회도 땅 끝에서부터 당신 나라로 모여들게 하소서"(『디다케』 9,4). 교부들은 이 말을 거듭 되새겼다.[29]

아우구스티누스의 말이 특히 유명하다. 그는 성체성사를 "일치의 표징이며 사랑의 끈"이라 했다. 이 말은 토마스 아퀴나스의 저작뿐 아니라 교회 직무에 관한 여러 가르침과 제2차 바티칸 공의회 문헌들에도 거듭 인용된 바 있다.[30] 아우구스티누스에 따르면, 교회는 성체성사 덕분에 하나가 된다.[31] "그리스도의 몸과 피를 나누어 받는다는 것은 다름이 아니라 바로 우리가 받아 모시는 그것으로 우리가 변화"[32]되기 때문이다. 성체성사 공동체와 교회 공동체는 상호 불가분의 관계다. 이것이 동·서방 교회의 공통된 전통이다.

유감스럽게도 11세기 제2차 성체논쟁의 결과 성체성사와 교회의 연관성은 잊혀져 버렸다. 드 뤼박은 그 과정을 추적해 밝혔다.[33] 그때까지는 그리스도의 몸을 세 관점에서 이야기했다. 역사 속에 출현한 그리스도의 몸, 성체성사 안에서 현현顯現되는 신비스런 몸, 교회로서의 몸이 그것이다. 그러나 투르의 베렝가르(†1088)가 성체성사를 상징적으로 이해함으로써, 성체성사는 그저 상징적 의미에서 '그리스도의 신비체'로 지칭될 뿐이라는 오해를 낳게 되었다. 결국 성체성사가 '그리스도의 참다운 몸'으로 불리면서 '그리스도의 신비체'라는 표현이 지금은 교회에도 적용되었다. 그러나 이때 '신비'라는 표현은 전처럼 '성사'($\mu\nu\sigma\tau\eta\rho\iota\alpha$, sacramenta)에서 도출되지 않았고, 교회도 더는 '성사', 특히 '성체성사'를 통해 세워진 몸으로 이해되지 않았다. 다만 당시 그리스도교 신앙의 차원에서 영적 · 도덕적 · 사회적 몸의 의미로 이해되었다. 그렇게 성체성사와 교회는 분리되어, 성체성사는 개별화되었고 교회는 정치적 색채를 띠게 되었다.

보나벤투라나 토마스 아퀴나스 같은 위대한 신학자들은 성체성사와 교회의 밀접한 연관성을 늘 의식하고 있었다. 루터도 초기에는 이런 시각을 견지했다.[34] 그러나 이 시각이 전반적으로 통용된 것은 20세기에 들어서였다.

제2차 바티칸 공의회는 이 점을 거듭 밝혔고, 교황 요한 바오로 2세도 회칙 「교회는 성체성사로 산다」(2003)에서 새삼 강조했다. 교회를 '만들고' 조직하는 것은 사람이 아니다. 교회는 신비를 거행한다. 성체성사를 거행하는 것이 교회라면, 교회를 만드는 것은 바로 성체성사다.[35]

이 말은 곧, '성체성사가 거행되는 곳에 교회가 존재한다'Ubi eucharistia, ibi ecclesia는 뜻이다. 성체성사를 다른 성사들과 동등한 반열에 둘 수는 없다. 성체성사는 '성사 중의 성사'sacramentum sacramentorum[36]이며 "그리스도교 생활 전체의 원천이며 정점"[37]이다. 모든 구원 신비가 성체성사 안에 집약되어 있다.[38]

'성체성사가 거행되는 곳에 교회가 존재한다'라는 근본 명제는 새로운 성체성사 중심적 교회론의 근본 단초가 되었다. 이 교회론은 정교회 신학자들뿐 아니라, 제2차 바티칸 공의회 문헌 곳곳에 다양한 방식으로 암시됨에 따라[39] 가톨릭 신학자들도 받아들이고 있다. 「일치교령」 15항도 "각 교회에서 거행되는 주님의 성찬례를 통하여 하느님의 교회가 세워지고 자라나며, 또 공동 집전을 통하여 교회일치가 드러난다"고 가르친다.

이 통찰로 말미암아 교회가 하나라는 사실이 설득력을 얻게 되었다. 교회는 성체성사가 거행되는 곳에 존재하기 때문에, 성체성사를 거행하지 않는 공동체는 고립된 채 홀로 자족한다. 그 공동체는 성체성사를 거행하는 다른 공동체와의 친교를 통해서만 성체성사를 거행할 수 있다. 그러므로 성체성사 중심적 교회론은 개별 교회의 독립성을 근거 짓는 것이 아니라, 오히려 상호 의존성의 근거가 된다. 더 정확히 말하면, 성체성사 중심적 교회론은 개별 교회 간의 상호 내재성Perichorese을 근거 짓는다.[40] 이 새로운 '친교적 교회론'은 교회일치를 '친교적 일치'로 이해한다.[41] 때늦은 결속으로 교회일치가 이루어지는 것은 아니다. 보편 교회에서 갈라져 나왔다고 개별 교회가 생기는 것도 아니다. 교회일치를 일종의 '제국'이나 '연방' 형태로 이해하면 안 된다. 교회일치는 그 자체로 고유한sui generis 존재 방식을 취한다. 보편 교회가 오직 개별 교회 안에 또 거기서부터 존재하듯이, 개별 교회도 오직 보편 교회 안에 또 거기서부터 존재한다(「교회헌장」 23항 참조).

이 '친교적 일치'를 더 자세히 이해하면 가톨릭과 정교회, 특히 개신교 간의 차이가 분명해진다. 이 차이는 베드로좌 문제에서 첨예화된다. 여기서 상론은 피하겠지만, 보편 교회와 개별 교회의 관계를 규정함에 있어 가톨릭교회 내에서도 견해차가 있다. 역사적으로 교회는 제1천년기의 '친교적 교회론'에서 제2천년기의 '일치적 교회론'으로 노선을 변경했다.[42] 제2차 바티칸 공의회는 개별 교회의 의미를 새롭게 정립함으로써[43] 제3천년기를 위한 새로운 발전을 기약했다. 이제야 우리는 교회의 구체적인 형태를 설계하는 데 있어 대단히 중요한 계기가 될 도약의 첫발을 내디뎠다. 장차 교회는 모순과 대립을 지양하면서도 교회 안의 문화와 언어, 전례와 관습의 다양성이 더는 결함이 아니라 풍요로움으로 받아들여지는 일치를 향해 나아갈 것이다.

일치와 다양성이라는 주제가 비단 교회에만 적용되는 것은 아니다. 성체성사를 거행할 때마다, 각종 은사를 받을 때마다, 영성 운동과 공동체들이 함께 다루어야 할 현실적인 주제다. 이때 성별 · 빈부 · 신분 · 교육의 차이는 무의미하고, 모두가 똑같이 존중받으며(참조: 1코린 11,18-22; 야고 2,1-7) 모든 것을 공동으로 소유한다(사도 2,44 이하 참조) ― 모름지기 그래야 마땅하다.

그 때문에 첫 신자 공동체는 가난한 이들을 위해 구호 헌금을 모으기도 했다(참조: 사도 11,29; 갈라 2,9-10; 1코린 16,1-4; 2코린 8-9장). 일용할 양식을 나누지 않고서는 성찬의 빵도 나눌 수 없다. 나아가 바오로 사도는 구제 활동을 통한 사랑과 친교의 봉사를 '전례'λειτουργία라 불렀는데, 이는 "많은 사람이 하느님께 넘치도록 감사를 드리게 하기 때문"이었다(2코린 9,12; 참조: 로마 15,27). 이로써 그는 그리스·로마 사상뿐 아니라 유다 라삐 사상에서도 사회적·정치적·전례적 의미를 지닌 한 개념에 주목한다. 이 개념은 모든 민족이 시온으로 나아가 하느님을 찬양하게 하려는 약속의 상징적 이행으로 이해될 수 있었다.[44] 사회적 의미에서도 성체성사는 일치의 성사다.[45] 교회 사회학의 이런 성체성사적 근거는 더 연구·발전되어 마땅하다.

6. 성체성사와 교회일치

일치와 다양성에 관해 숙고하는 가운데 어느덧 교회일치라는 주제에 도달했다. 논구의 끝자락은 이 주제에 할애하자. 교회일치 문제는 다른 문제들이 척결된 뒤에 여유롭게 다루어도 좋을 사치스러운 부차적 문제가 아니다.

일치는 성경의 근본 개념이며 예수님이 주신 분명한 과제다. 예수님은 하나의 교회를 원하셨기에 당신이 잡히시기 전날 저녁 모두 하나가 되게 해 주십사고 기도하셨다(요한 17,21 참조). 그러므로 교회일치는 눈앞의 성취를 탐내지 말고 받들어 행해야 할 주님의 명령이다.

교황 요한 바오로 2세는 "그리스도를 믿는다는 것은 하나가 되겠다는 뜻이다"[46]라고 명쾌히 설파했다. 따라서 교회일치는 변방의 지엽적 과제가 아니라[47] 교회가 마땅히 걸어가야 할 길이다.[48] 그리하여, 교회 전반에 적용되는 원칙이 교회일치에도 적용된다: 사람이 교회를 '만들거나' 조직할 수 없듯이, 교회일치도 사람이 '만들거나' 조직할 수 없다. 교회일치는 우리의 활동으로 성취되는 것이 아니라, 성령의 은총으로 이루어진다(참조: 「일치교령」 1항과 4항). 성령만이 우리에게 더 큰 일치를 안배하실 것이다. 그러므로 교회일치운동은 정치적·외교적·실용적 사업이 아니다. 일차적으로 영적 사안이다. 일치운동의 가시적 목표는 구체적으로, 우리가 주님의 식탁에 함께 모여 그리스도의 몸인 성체를 떼어 나누고 주님의 잔을 나누어 마실 수 있게 되는 것을 뜻한다.

　모든 그리스도인이 주님의 식탁에 함께 모여 성찬에 동참할 수 없다는 사실은 주님의 몸이 겪는 깊은 상처이자 결국 하나의 스캔들이다. 우리는 이 상황과 타협해서는 안 된다. 성체성사는 '신앙의 신비'다. 그것은 교회일치를 전제로 한다. 그러나 우리가 아직 완전한 일치를 이루지는 못했지만 이미 세례를 통해 참된 공동체 안에 있기 때문에, 우리는 지금 이른바 '과도기적 상황' 속에 있다. 이때 참된 성사를 보존하고 사제직과 성체성사를 지니고 있어서 교회로 인정받는 동방교회와(「일치교령」 15항 참조), 성품성사의 결여로 성찬 신비 본연의 완전한 실체를 보존하지 못한 갈라진 교회 공동체들을(「일치교령」 22항 참조) 구별해야 한다.

　저마다 매우 다른 이 '과도기적 상황'을 올바르게 평가하기 위해 제2차 바티칸 공의회는 두 원칙을 제시했다(「일치교령」 8항 참조). 그 하나는 '성체성사와 일치는 긴밀히 결합되어 있다'는 것이다. 신자들은 자기가 속한 교회 공동체에서 성체성사에 참여한다. 그것은 오늘날 우리가 마음대로 조치할 수 없는 옛 교회의 원칙이다. 그 때문에 누구나 성체성사에 초대받을 수 있는 것은 아니며 외부 손님은 환대받지 못한다. 물론 제2차 바티칸 공의회는 '영혼 구원이 최상의 법'salus animarum suprema lex(교회법 1752조 참조)이라는 또 다른 원칙도 잊지 않는다. 교회일치는 획일적으로 강요된 통합이 아니다. 개인을 '흡수하여' 추상적 통합 이데올로기에 종속시키는 무리수를 두지 않는다. 개인은 각자의 고유한 상황 속에서 신중하게 다루어져야 한다. 따라서 특별한 경우에 한해 교회는 개별적 해법들을 인정한다.[49] 심지어 교황 요한 바오로 2세는, 가톨릭 사제들이 특별한 경우 다른 (교파의) 그리스도인들에게 성체성사를 베풀 수 있다면 그 또한 기쁜 일이라고 말한 바 있다.[50]

이런 규정의 개별적 시행 세칙까지 여기서 다 짚고 갈 수는 없다. 나는 이 규정들이 현 상황에서 대체로 유효하게 적용될 수 있다고 본다. 게다가 구체적인 특수 상황 속에서 분별 있는 사목적 결정을 내릴 충분한 재량권이 모든 주교에게 있다. 이때 교회법만으로는 조율할 수 없는 영적 문제가 대두되는바, 사목적 지혜와 영들을 식별하는 은사가 필요하다(참조: 1코린 12,10; 1테살 5,21; 1요한 4,1).[51]

우리가 미처 이루지 못한 일들에만 주목하는 것만으로는 부족하다. 성체성사적 친교를 온전히 실현하기 위해 우리가 실제 행할 수 있고 행해야 할 일이 무엇인지 모색해야 한다. 이런 암중모색은 교회일치가 성령의 은총이라는 사실에서 출발한다. 교회는 성령의 은총을 잃는 법이 없다. 교회일치는 인간의 잘못으로 무너지지 않는다. 하여, 교회일치는 현실, 그것도 종말론적 현실이지 억지로 추구해야 할 목표가 아니다. 가톨릭 신자로서 우리는 예수 그리스도의 교회와 그 일치가 가톨릭교회 안에 '존재한다'[52]고 믿는다.

미래의 더욱 포괄적인 일치 교회는 전혀 다른 새 교회가 아니라, 오히려 전통의 연장선에 편입되는 교회다. 우리가 소망하는 포괄적 일치 교회는 '옛' 교회로되 새로운 형태의 '옛' 교회가 되겠다.

전통은 기계적인 것이 아니다. 전통은 옛 동전이 손에서 손으로 건네지듯 그렇게 이어지지 않는다. 뮐러와 뉴먼에 따르면, 성전聖傳은 성령의 도우심으로 전해지고 완성된 살아 있는 전통이다(「계시헌장」 8항 참조). 성령을 통해 교회는 늘 새로워져서 온전한 진리로 나아간다(요한 16,13 참조). 교회를 항상 젊고 신선하게 유지시켜 주는 힘이 바로 성령이다.[53] 전통이 성령께서 인도하시려는 교회의 앞길을 콘크리트 장애물처럼 가로막는 데 쓰이면 안 된다. 역사의 노정을 따라가는 동안 교회는 성령 안에서 끊임없이 참회와 쇄신을 추구해야 한다(「교회헌장」 8항 참조).

쇄신은 다양한 방도로 이루어진다. 교회일치를 위한 대화도 그중 한 방도다. 물론, 대화가 손쉬운 타결점을 찾기 위한 교의적 상대주의로 전락해서는 안 된다.[54] '헐값의 은총'을 경계해야 하듯, '헐값의 교회일치'도 경계해야 한다. 일치를 위한 대화의 요체는 각 교파 고유의 정체성을 포기하는 것이 아니라, 오히려 각자의 정체성을 정화·성장·성숙시키는 일일 것이다. 대화란 한편으로는 양심의 재고를,[55] 다른 한편으로는 은총의 교환을[56] 뜻한다. 말하자면 불완전한 친교를 완전한 친교로 완성시켜 나가기 위해, 성령께서 다른 교회들과 교회 공동체들에게 베푸신 은총에도(참조: 「교회헌장」 15항; 「일치교령」 3항) 마음을 연다는 뜻이다.

지난 수십 년간 가톨릭 신자들은 하느님 말씀의 의미와 성경 해석에 관해 개신교 형제자매들에게 많은 것을 배웠다. 우리의 교회 생활과 영성은 이로써 더욱 풍요로워졌다. 전례와 성사의 의미에 관해서는 개신교 친구들이 우리에게 배운다. 우리는 최소한의 공통점에 의지하여 가까워지려고 할 것이 아니라, 차라리 서로를 풍요롭게 해 줌으로써 서로에게 다가가야 할 것이다. 일치운동의 길에서 교회는 이런 방식으로, 애초부터 늘 그런 모습이었고 앞으로도 그러할 본연의 모습을 구체적이고 온전하게 갖추게 된다. 교회일치를 위한 대화는 교회 고유의 충만한 보편성을 구체적으로 실현하는 데 이바지해야 한다(「일치교령」 4항 참조).

이는 어렵고 먼 길이지만 유익하고 필요한 과정이기도 하다. 신학적으로나 실천적으로나 다른 대안이 없다. 그리스도교의 분열은 세계 선교를 완수하는 데 가장 큰 걸림돌 중 하나이기 때문이다. 교회 일치는 그 자체가 목적이 아니다. 그것은 "세상이 믿게"(요한 17,21) 하려는 하나의 위대한 목적을 지향한다. 그러므로 교회일치운동과 세계 선교는 운명적으로 밀접한 관련을 맺고 있다.

이 점은 '교회일치'를 뜻하는 '외쿠메네'Ökumene란 용어에서도 분명히 드러난다. 이 말의 그리스어 어원은 본디 '사람 사는 온 세상'을 뜻한다. 그 깊은 내적 연관성이 바로 성체성사 안에 자리하고 있다. 교회일치가 성찬례의 식탁 공동체를 목표로 삼듯이, 선교도 성체성사의 신비, 즉 많은 이를 위해 생명을 바치신 예수님의 희생에 그 심오한 내적 근거를 두고 있다.[57]

교회일치운동에서든 선교 활동에서든, 교회는 역사적으로 종말론적 완성을 향해 성장한다. 교회는 선교의 노정을 밟으며 확장되고, 민족들의 풍부한 유산과 문화를 교회 안에 흡수한다. 교회일치운동을 통해서는 다른 교회들과 교회 공동체들의 영적 체험과 은총에 힘입어 풍요로워진다. 교회일치운동과 선교 활동을 통해 교회는 "그리스도의 충만한 경지"(에페 4,13)에까지 성장한다.[58]

이처럼 교회의 미래상은 교회일치운동과 선교 활동에서 결정된다. 미래에는 다양성 속의 일치가 구현될 것이다. 교회일치Einheit der Kirche는 교회단일화Einheitskirche가 아니다. 적대 세력들 간의 평화 공존도 물론 아니다. 그런 교회론적 다원주의는 진정성이 없다. 친교communio는 하나의 진리, 동일한 성사, 하나의 사도직을 가진 공동체 안에서 이루어진다. 그게 아니면 친교가 아니라 타협Interkommunion이다. 그런 일치는 진정한 일치가 아니다. 진정한 일치와 온전한 친교는 삼위일체 하느님과 나누는 친교를 기반으로 한다(1요한 1,3 참조). 일치와 친교는 깊은 신비이니, 이를 표현하는 방식도 엄청나게 풍부하고 상보적이며 다양할 수밖에 없다. 교회가 "하느님의 매우 다양한 지혜"(에페 3,10)를 성사적 형태로 드러내고 삼위이시되 한 분이신 하느님의 '이콘'이 될 수 있는 것은 다만 이 다양성 속의 일치를 통해서뿐이다(참조: 「교회헌장」 4항; 「일치교령」 2항).

이로써 출발점으로 되돌아왔다. 교회일치운동과 선교 활동은 그 미래상이 다르지 않다. 그것은 우리가 성찬례 때마다 앞당겨 경험하는 바이니, 바로 언어와 문화가 다른 모든 민족이 함께 모여 하느님을 찬양하는 종말론적 체험이다. 교회는 일치운동과 선교 활동을 통해 하느님의 구원 계획이 설정한 이 목표에 더 가까이 가야 한다. 교회 일치운동의 목표는 그리스도의 모든 제자가 주님의 식탁에 모여 하나의 빵을 나누어 먹고 같은 잔을 나누어 마시는 것이다. 이 목표는 하느님의 위대한 구원 계획에 기록되어 있다.[59] 교회는 일치운동과 선교 활동을 통해 "그리스도 안에서 성사와 같은" 자신의 "본질과 보편 사명"을 구체적이면서 확고한 신념을 가지고 증거해야 한다. 말하자면, "교회는 하느님과 이루는 깊은 결합과 온 인류가 이루는 일치의 표징이며 도구"(『교회헌장』 1항)다. 이러한 일치의 성사가 바로 성체성사다.

"평화가 너희와 함께!"(요한 20,19). 미사 전례 때마다 부활하신 주님의 이 인사가 들려온다. 성찬 전례 때 우리는 서로 평화의 인사를 나누며 일치와 평화를 위해 기도한다. 성체성사는 "그리스도께서 우리의 평화"(에페 2,14)이심을 증거하는 평화의 축제다. 예수 그리스도는 세상의 평화이시다.

주

I. 미사와 전례 생활

1 이와 관련된 구체적인 문제들이 교황청 훈령 「평신도에게 **위임되는** 사제 직무에 관한 몇 가지 문제들에 대해」(*Zu einigen Fragen über die Beteiligung der Laien am Dienst der Priester*, 1997)를 통해 활발하게 논의되었다. 나 또한 로텐부르크-슈투트가르트 주교로서 사목 교서(1998)를 통해 그러한 몇몇 문제에 방향을 제시하고자 했다. 이 훈령은 「평신도가 **협력하는** 사제 직무에 관한 몇 가지 문제들에 대해」(*Zu einigen Fragen über die Mitartbeit der Laien am Dienst der Priester*)라고 종종 오해되기도 했다. 물론 평신도의 고유한 위상과 파견의 의미를 근본적으로 무시하려는 것은 아니다. 이에 대해서는 교황 교서 「평신도 그리스도인」(*Christifideles laici*, 1988)에서 이미 충분히 언급되었다. 이에 반해 상기 훈령은 본질적으로 평신도가 특별히 **위임받아** 참여할 수 있는 성직자들의 직무가 무엇인지 최소한의 영역에 국한시켜 밝히고 있다. 이때 훈령은 성직자 고유 직무와 평신도들이 위임받아 수행하는 직무 사이의 엄연한 차이를 간과하거나 무시하지 않도록 당부

한다. 물론 실제로 아무도 그런 직무에 참여하지 못하도록 막으려
는 의도는 아닐 것이다. 상기 훈령은 평신도가 세례성사와 견진성
사를 통해 받은 은총의 특권을 추호도 박탈하지 않는다. 한편 성직
자가 고유하게 받아 누리는 은총의 특권도 손상시키지 않으려 한
다. 이는 성직자와 평신도 사이에 괴리를 조장하려는 것이 아니라,
오히려 교회 안에서 저마다 수행할 수 있는 다양한 직무와 은총이
서로 결속된 하나임을 보여 주려는 것이다. 그것은 성경, 특히 바오
로 사도의 서간(1코린 12,4-31)에 근거한 원칙으로, 소위 하나의
몸에 여러 지체들이 제각기 유대를 맺고 있는 교회의 모습을 고려
한 것이라 하겠다.

2 주요 관련 자료: 「전례헌장」(*Sacrosanctum Concilium*); 요한 바오
로 2세, 「전례헌장 '거룩한 공의회' 공포 25주년 기념 교서」(*Apos-tolisches Schreiben zum 25. Jahrestag der Liturgiekonstitution 'Sacrosanctum Concilium'*, 1988); 『가톨릭교회 성인 교리서 1권: 교회의 신앙고백』(*Katholischer Erwachsenenkatechismus*, Bd. 1: *Das Glaubensbekenntnis der Kirche*, 1985); 『가톨릭교회 교리서』(*Katechismus der katholischen Kirche*, 1993). 쉽게 풀어 쓴 각종 미사 전례 해설서들도 큰 도움이 될 것이다.

3 전례 교육이나 개인적 독서를 위한 서적들이 많다. 특히 교구 전례 위원회는 언제든 도움을 줄 수 있도록 만반의 준비를 갖추고 있다.

4 주일 미사 참례를 궐할 수 있는 특별한 경우: 거동 불능의 환자와 노약자, 이웃 사랑의 의무(가족 중 환자나 유아를 돌봐야 할 경우) 나 불가피한 직업상의 의무(응급실 근무자나 공공 기관 당직 근무자)를 진 자, '거룩한 교역자'(교회법 1248조 2항)가 없는 지역 거주 자 등이다.

5 "8. '말씀 전례'의 의미" 참조.

6 참조: 「교회헌장」 33항; 「평신도 교령」 24항; 교회법 230조 3항과
910조 2항.

7 로텐부르크–슈투트가르트 교구 내 협력 사목의 원칙은 *die Pasto-
ralen Perspektiven*(1992)과 *Gemeindeleitung im Umbruch*
(1997) 참조. 이 두 문헌은 훈령 *Zu einigen Fragen über die Mit-
arbeit der Laien am Dienst der Priester*와 별개다. 반대로 훈령
도 협력 사목의 개념을 충분히 규명하고 있다. 이 두 기본 문헌은
교구 내에서 여전히 효력을 가진다(1998).

8 로텐부르크–슈투트가르트 교구도 이 보편적이고 교회법적으로 규
정된 전통에 반하는 특별한 대안을 강구할 수 없었다. 평신도 강론
규정에 관련된 모제르(GEORG MOSER) 주교의 지침에 대해서는
Kirchliches Amtsblatt der Diözese Rottenburg-Stuttgart [=
KABl] 1986, 132 참조. 그 후 공포된 교구의 평신도 사도직 활동
규정은 모두 '교회법이 정한 범위를 벗어나지 않는 선에서' 평신도
의 강론을 예상하고 있다.

9 완전하지는 않지만 내가 꼽고 싶은 분야는 이렇다: 교리교육, 종교
교육, 말씀 전례에서의 설교, 저녁기도의 선창, 세례나 장례 예식
등의 주요 예식 봉사, 전례 봉사, 대림 시기와 사순 시기 특강 등.

10 참조: 「전례헌장」 35항 4); 모제르 주교 사목 교서 Sonntagsgottes-
dienst — auch wenn kein Priester da ist, in: *KABl* 1977, 181-
183.

11 "사제 교역을 충실히 이행하기 위하여 지극히 거룩하신 성체께 대
한 개인 신심과 조배로 날마다 주 그리스도와 진심으로 대화를 나
누어야 하고 기꺼이 영성 피정을 하며 영성 지도를 중시하여야 한
다"(「사제생활교령」 18항) — 역자.

12 이 글은 1998년 5월 21일 로텐부르크–슈투트가르트 교구 공동체

에 보낸 사목 교서 Die Feier der Eucharistie, in: *KABl* 1998, 96-104를 기초로 쓴 것이다. 참조: 1996년도 사순 시기 사목 교서 Die Feier der Eucharistie – Fest des neuen Lebens, in: *KABl* 1996, 13-16; Eucharistiefeier und Wortgottesdienst an Sonn- und Feiertagen, in: *KABl* 1996, 123-125.

II. 빵을 떼어 나누자 예수님을 알아보았다

1 *Didache* 14,1; IGNATIUS VON ANTIOCHIEN, *An die Epheser* 5,2f; 13,1; *An die Philadelphier* 6,2; *An die Magnesier* 7,1f; JUSTIN, *Erste Apologie* 67,3; TERTULLIAN, *Apologeticum* 39,2.

2 IGNATIUS VON ANTIOCHIEN, *An die Magnesier* 9,1.

3 PLINIUS DER JÜNGERE, *Briefe* X, 96.

4 PL 8, 707.709f; 요한 바오로 2세 교서 「주님의 날」(*Dies Domini*), 1998, 46항에서 재인용.

5 LEO DER GROSSE, *Zweite Predigt über die Himmelfahrt* 61.

6 *Brief an Diognet* 5.

III. 성체성사 안에 계시는 예수 그리스도

1 AUGUSTINUS, *Confessiones* I, 1.

2 타종교·타문화에도 그리스도 실재성의 단초가 존재하는지, 비신 앙인들도 구원받을 수 있는지 등은 여기서 깊이 다루지 않겠다.

3 중세에는 이 '실재'(Wirklichkeit)를 실체(Substantia)라고 불렀다.

스콜라 철학의 '실체' 개념은 현대적 의미의 실체, 즉 물질적 실재가 아니다. 성체성사를 통한 그리스도의 실체적 현존은 물질적 의미가 아니라 영적 의미로 이해되어야 한다.

4 트렌토 공의회에서 공식 천명(DH 1636). 실재성을 내포한다는 뜻에서 그리스 교부들은 성체성사를 '상징(Symbol), 형상(Bild), 동형(Gleichbild), 전형(Typos)' 등으로 표현했다(J. BETZ, *Die Eucharistie in der Zeit griechischen Väter*, Bd. I/1. Freiburg i. Br. 1955, 217-242). 근본적으로, 후대의 '실체 변화론'(Transsubstantiationslehre)도 이러한 성사적 성찬례 이해와 다르지 않다.

5 개신교회와의 대화에서는, 누가 성찬례의 집전자인가, 주교직과 목사직 가운데 누가 사도직을 계승하는가 등이 여전히 문제다.

6 MATTHIAS JOSEPH SCHEEBEN, *Die Mysterien des Christentums* (neu hg. von J. HÖFER) Freiburg i. Br. 1951, 385-441 참조.

7 IGNATIUS VON ANTIOCHIEN, *An die Smyrnäer* 7,1; 2,1; 4,2; 5,2; *An die Trallianer* 10,1.

8 "Adoro te devote, latens Deitas, quae sub his figuris vere latitas … Visus, tactus, gustus in te fallitur, sed auditu solo tuto creditur" (THOMAS VON AQUIN).

9 "Tibi se cor meum totum subiicit, quia te contemplans totum deficit" (THOMAS VON AQUIN).

10 지난 천 년간 서방교회가 발전시켜 온 성찬례 공경 예식의 의미가 이로 인해 축소되지 않는다는 것은 자명하다. 감사와 빵의 축제는 그 의미를 통해 면면히 이어지고 있다. 그럼에도 트렌토 공의회도 자각했듯이 성찬례의 목표와 완성은 삶을 통해 '영위하는 기쁨'(Genießen) 속에 실현된다(DH 1643: "ut sumatur institutum").

11 CYRILL VON JERUSALEM, *Mystagogische Katechesen* 4,3.

12 Cyrill von Alexandrien, *Über das Johannesevangelium* 10,2.

13 Ignatius von Antiochien, *Brief an die Epheser* 20,2.

14 Irenäus von Lyon, *Adv. haereses* IV, 18,5; 참조: V, 2,2.

15 *Didache* 9,5; 10,6; 14,1; Justin, *Apologie* I, 66; Augustinus, *Über das Johannesevangelium* 26,11.

16 예루살렘의 치릴루스는 '손으로 성체를 받아 모시는 행위'를 멋지게 풀이했다: "성체를 받아 모시기 위해 겹쳐 올린 두 손은 왕을 영접하는 옥좌다"(Cyrill von Jerusalem, *Mystagogische Katechesen* V, 21).

IV. 교회일치와 성체성사 공동체

1 요한 바오로 2세 선교 회칙 「교회의 선교 사명」(*Redemptoris missio*, 1990) 57항.

2 참조: 세계교회협의회 산하 신앙직제위원회가 채택·발표한 '세례, 성찬, 직제'에 관한 「리마 문서」 1982; 가톨릭·루터교 공동위원회가 채택한 문서 「주님의 만찬」(*Das Herrenmahl* 1979), 「의화론에 대한 공동성명」(*Gemeinsame Erklärung zur Rechtfertigungslehre* 1999) 등.

3 제1차 바티칸 공의회 가톨릭 신앙 헌장 *Dei Filius*, DH 3020 참조.

4 요한 바오로 2세 회칙 「하나 되게 하소서」(*Ut unum sint*, 1995) 28항과 57항.

5 여기서는 몇 가지만 예시하고, 상세한 것은 교황청 일치평의회의 「일치운동지침」(*Ökumenisches Direktorium*)이나 유럽주교회의의 「일치헌장」(*Charta oecumenica*), 혹은 독일 각 교구의 관련 문

서를 참조할 것 — 역자.

6 교회법 844조 및 훈령 「구세주의 성사」(*Redemptoris sacramen-tum*) 5항 참조.

7 요한 바오로 2세 회칙 「하나 되게 하소서」 46항.

8 요한 바오로 2세 회칙 「교회는 성체성사로 산다」(*Ecclesia de Eu-charistia*, 2003) 46항.

9 요한 바오로 2세 교서 「새 천년기」(*Novo Millennio Ineunte*, 2001) 43항.

V. 일치의 성사, 그 다양한 측면들

1 참조: H. LEISSIG, *Die Abendmahlsprobleme im Lichte der neu-testamentlichen Forschung seit 1900*, Diss., Bonn 1953; E. SCHWEIZER, "Das Herrenmanl im Neuen Testament. Ein For-schungsbericht", in: DERS., *Neotestamentica*, Zürich - Stuttgart 1963, 344-370; H. PATSCH, *Abendmahl und historischer Jesus*, Stuttgart 1972; F. HAHN, "Zum Stand der Erforschung des ur-christlichen Herrenmahls", in: *Evangelische Theologie (EvTh)* 35 (1975) 553-563; H. FELD, *Das Verständnis des Abendmahls* (Beiträge der Forschung 50) Darmstadt 1976, 4-76.

2 참조: R. BULTMANN, *Die Geschichte der synoptischen Tradition*, Göttingen ⁴1958, 285-7; DERS., *Theologie des Neuen Testa-ments*, Tübingen ⁶1968, 42f.61f.146ff.314f.

3 유다교적 배경은 특히 J. JEREMIAS, *Die Abendmahlsworte Jesu*, Göttingen ³1960에 부각되어 있다. 물론 예레미아스의 해석은 '최

후 만찬은 일종의 파스카 축제였다'는 논란 분분한 명제에 일방적
으로 근거한 것이었다. STRACK-BILLERBECK IV, 74-76도 마찬가
지다. 참조: R. FENEBERG, *Christliche Passafeier und Abend-
mahl. Eine biblisch-hermeneutische Untersuchung der neu-
testamentlichen Einsetzungsberichte* (StANT 27) München
1971; 구약성경을 배경으로 한 연구로는 F. HAHN, "Die alttesta-
mentlichen Motive in der urchristlichen Abendmahlsüberlie-
ferung", in: *EvTh* 27 (1967) 337-374가 중요하다.

4 STRACK-BILLERBECK IV, 620f.627ff; J. JEREMIAS, *a.a.O.*, 103ff.

5 H. SCHÜRMANN, "Die Gestaltung der urchristlichen Eucharis-
tiefeier", in: DERS., *Ursprung und Gestalt. Erörterungen und
Besinnungen zum Neuen Testament*, Düsseldorf 1970, 79ff;
DERS., "Da Weiterleben der Sache Jesu im nachösterlichen Her-
renmahl. Die Kontinuität der Zeichen in der Diskontinuität der
Zeiten", in: DERS., *Jesu ureigener Tod. Exegetische Besinnun-
gen und Ausblicke*, Freiburg - Basel - Wien 1975, 76ff. 참조: G.
DELLING, "Abendmahl II. Urchristliches Mahl-Verständnis", in:
Theologische Realenzyklopädie (TRE) I (1977) 49.

6 J. BETZ, in: *Mysterium Salutis (MySal)* IV/2, Einsiedeln - Zü-
rich - Köln 1973, 193ff 참조.

7 최후 만찬 때 예수님이 친히 말씀하신 바가 무엇인지 밝히는 작업의
한계와 그 해석학적 순환성에 관해서는 H. CONZELMANN, *Grund-
riss der Theologie des Neuen Testaments*, München 1976, 76 참
조. 물론 이 순환성은 예수님 자신의 말씀이라 전해지는 것을 배경
으로, 교회 전승 안에서 그리고 교회 전승을 통해서 더 깊이 이해될
수 있으며, 신학적으로는 그리스도와 교회의 연대성이라는 배경 속

에서 긍정적으로 평가될 수 있다.

8 페쉬의 견해는 다르다. 그는 예수님 생전에 일어난 일들을 전하는 마르코 복음을 연구했다. 이 점 초대교회의 삶에 근거하여 성찬례의 연원을 밝히는 바오로 사도의 전례기원론(Kultätiologie)과 다르다. 참조: R. PESCH, *Das Markusevangelium* II. Teil (HThK/NT Bd. 2) Freiburg - Basel - Wien 1977, 354ff; DERS, *Wie Jesus das Abendmahl hielt. Der Grund der Eucharistie*, Freiburg - Basel - Wien 1977, 특히 54. 다른 학자들의 견해도 유념할 만하다. 이를테면 마르코와 마르코에 의존하는 마태오의 텍스트는 바오로 사도와 루카의 텍스트보다 좀 더 세련된 전례 양식을 갖추고 있다는 것이다. 그들에게는 바오로 사도나 루카의 경우처럼 빵과 잔의 축성이 만찬을 사이에 두고 따로 행해지지 않고, 연이어 이루어진다. 참조: G. BORNKAMM, "Herrenmahl und Kirche bei Paulus", in: DERS., *Studien zu Antike und Christentum*, Ges. Aufs. Bd. 2, München 1959, 150ff; H. CONZELMANN, *a.a.O.*, 74; G. DELLING, *a.a.O.*, 48.51.54.

9 J. BETZ, H. SCHÜRMANN, H. PATSCH, G. DELLING 등이 다양한 방식으로 이 연관성을 밝혀냈다. 이들의 연구는 이하 전개될 논의의 충분한 근거를 제공한다.

10 K. KERTELGE (Hg.), *Der Tod Jesu. Deutungen im Neuen Testament* (QD 74) Freiburg - Basel - Wien 1976 참조.

11 J. RATZINGER, *Eucharistie – Mitte der Kirche*, München 1978, 10, 18.

12 J. BETZ, *a.a.O.*, 263f.

13 M. LUTHER, *De captivitate Babylonica eccelesiae* (1520), Weimarer Ausgabe VI, 512-526 참조.

14 예수님의 희생에 관한 복잡한 주석상의 문제들을 여기서 낱낱이 살필 수는 없다. 참조: 이 장 각주 10과 각주 33 이하; F. HAHN, "Das Verständnis des Opfers im Neuen Testament", in: K. LEHMANN / E. SCHLINK (Hg.), *Das Opfer Jesu Christi und seine Gegenwart in der Kirche. Klärungen zum Opfercharakter des Herrenmahles* (Dialog der Kirchen 3) Freiburg i. Br. - Göttingen 1983, 51-91.

15 참조: H. KÜNG, *Christ sein*, München 1974, 312-315; W. MARXSEN, *Das Abendmahl als christologisches Problem*, Gütersloh 1963.

16 참조: P. NEUENZEIT, *Das Herrenmahl. Studien zur paulinischen Eucharistieauffassung* (StANT 1) München 1960, 136-147.

17 사자 추모제 기원설: H. LIETZMANN, *Messe und Herrenmahl. Eine Studie zur Geschichte der Liturgie.* Arbeiten zur Kirchengeschichte Bd. 8, Bonn 1926. 비교 기원설: O. CASEL, *Das christliche Kultmysterium*, 4. Aufl., hg. v. B. NEUNHEUSER, Regensburg 1960. 구약성경 및 유다교 기원설: J. JEREMIAS, *a.a.O.*, 229-246; M. THURIAN, *L'Eucharistie. Mémorial du Seigneur, sacrifice d'action de Grâce et d'intercession.* Neuchâtel - Paris 1959; L. BOUYER, *Eucharistie. Théologie et spiritualité de la prière eucharistique*, Paris 1966, 87f.107f.

18 STRACK-BILLERBECK IV/1, 68.

19 참조: J. BETZ, *Die Eucharistie in der Zeit der griechischen Väter*, Bd. I/1, Freiburg i. Br. 1955, 197ff; G. KRETSCHMAR, "Abendmahl III/1. Alte Kirche", in: *TRE* 1 (1977) 62ff.78ff.84ff.

20 THOMAS VON AQUIN, *Summa theol.* III, q.60, a.3.

21 ecolitur memoria passionis eius, mens impletur gratia et futurae gloriae nobis pignus datur.

22 A. GERKEN, *Theologie der Eucharistie*, München 1973, 61ff. 97ff.

23 E. ISERLOH, "Abendmahl III/2. Mittelalter", in: *TRE* 1 (1977) 100f.128ff.

24 DH 1740.

25 참조: P. BRUNNER, "Zur Lehre vom Gottesdienst der im Namen Jesu versammelten Gemeinde", in: *Leiturgia. Handbuch des evangelischen Gottesdienstes*, Bd. 1, Kassel 1954, 209ff.229ff; J.J. VON ALLMEN, *Ökumene im Herrenmahl*, Kassel 1968, 25ff. 98ff; M. THURIAN, *a.a.O.* 참조; W. AVERBECK, *Der Opfercharakter des Abendmahls in der neueren evangelischen Theologie* (KKTS 19), Paderborn 1967; U. KÜHN, "Abendmahl IV. Das Abendmahlsgespräch in der ökumenischen Theologie der Gegenwart", in: *TRE* 1 (1977) 157ff.164ff.192ff; K. LEHMANN / E. SCHLINK (Hg.), *Das Opfer Jesu Christi und seine Gegenwart in der Kirche.*

26 「전례헌장」 6항과 47항 참조.

27 참조: H. SCHLIER, "Die Verkündigung im Gottesdienst der Kirche", in: DERS., *Die Zeit der Kirche. Exegetische Aufsätze und Vorträge*, Freiburg i. Br. ²1958, 246ff; K. RAHNER, "Wort und Eucharistie", in: DERS., *Schriften zur Theologie* Bd. 4. Einsiedeln - Zürich - Köln 1960, 313-356 (= in: K. RAHNER, Sämtliche Werke Bd. 18, Freiburg i. Br. 2003, 596-626).

28 성체성사 때 예수 그리스도의 다양한 현존 방식에 대해 여기서 낱

낱이 다루기는 어렵다. 참조: J. Betz, in: *MySal* IV/2, 267ff; F. Eisenbach, *Die Gegenwart Jesu Christi im Gottesdienst. Systematische Studien zur Liturgiekonstitution des II. Vatikanischen Konzils*, Mainz 1982. 이와 관련하여 실체적 현존[실체 변화(Transsubstantiation), 의미 변화(Transsignifikation), 목적 변화(Transfinalisation)]의 심층적 이해를 둘러싼 최근 논의도 깊이 다루지 않겠다. 이 장 각주 77 참조.

29 H. Beyer, "εὐλογέω", in: *Theologisches Wörterbuch zum Neuen Testament (ThWNT)* II, 757ff; H. Conzelmann, "εὐχαριστέω", in: *ThWNT* IX, 401ff; L. Lies, *Wort und Eucharistie bei Origenes. Zur Spiritualisierungstendenz des Eucharistieverständnisses* (ITS 1), Innsbruck - Wien - München 1978, 11-36.

30 Ignatius von Antiochien, *Ad Smyrn 8,1; Ad Philad. 4; Justin, Dial. c. Trypho 41; 117.* 참조: J.A. Jungmann, "Von der 'Eucharistia' zur 'Messe'", in: *Zeitschrift für Katholische Theologie (ZKTh)* 89 (1967) 29f; H. Conzelmann, *a.a.O.*, 405.

31 J.A. Jungmann, *Missarum Solemnia. Eine genetische Erklärung der römischen Messe*, Bd. 1, Wien ⁵1962, 20f.38; Bd. 2, 138ff.

32 J.A. Jungmann, *a.a.O.*, Bd. 1, 27f; J. Ratzinger, "Gestalt und Gehalt der eucharistischen Feier", in: Ders., *Das Fest des Glaubens*, Einsiedeln 1981, 31-46. 같은 책에 수록된 L. Bouyer의 논문은 '감사'(*beraka*)의 관점에서 성찬례 전 과정을 해석한다는 점에서 인상 깊다. 참조: L. Lies, "Eulogia. Überlegungen zur formalen Sinngestalt der Eucharistie", in: *ZKTh* 100 (1978) 69-97.

33 H. Gese, "Die Herkunft des Herrenmahls", in: Ders., *Zur bibli-*

33 *schen Theologie*, München 1977, 107-127; 비판: J. RATZINGER, *a.a.O.*, 47-54.

34 J. BETZ, *Die Eucharistie in der Zeit der griechischen Väter*, Bd. II/1, 40.

35 J.A. JUNGMANN, "Missarum Solemnia", Bd. 1, 31ff; DERS., "Von der 'Eucharistia' zur 'Messe'", 29f; H. CONZELMANN, *a.a.O.*, 405.

36 J.A. JUNGMANN, "Von der 'Eucharistia' zur 'Messe'", 33; 참조: H. MOLL, *Die Lehre von der Eucharistie als Opfer. Eine dogmengeschichtliche Untersuchung vom Neuen Testament bis Irenäus von Lyon* (Theophaneia Bd. 26) Köln - Bonn 1975.

37 세비야의 이시도루스가 영성체송, 즉 좁은 의미의 '감사기도'를 다른 기도문에서 떼내어 유기적 전체 맥락에서 유리시킨 것이 결정적 요인이었다. 참조: J.R. GEISELMANN, *Die Abendmahlslehre an der Wende der christlichen Spätantike zum Frühmittelalter. Isidor von Sevilla und das Sakrament der Eucharistie*, München 1933.

38 *Apologia Confessionis Augustanae* XXIV (BSLK 353ff). 그에 반해 트렌토 공의회는 '성찬례는 찬미와 감사뿐 아니라 속죄의 의미도 내포하는(DH 1753) 실재적이고 고유한 희생 제사(DH 1751)'라고 선포했다.

39 J. RATZINGER, "Ist die Eucharistie ein Opfer?" in: *Conc* (D) 3 (1967) 299-304와 이 장 각주 25 참조.

40 AUGUSTINUS, *De civ.* 10,20; 10,6; 참조: H.U. VON BALTHASAR, "Die Messe, ein Opfer der Kirche?", in: DERS., *Spiritus Creator. Skizzen zur Theologie* III, Einsiedeln 1967, 166-217.

41 Th. SCHNEIDER, *Zeichen der Nähe Gottes. Grundriss der Sakramententheologie*, Mainz 1979, 144ff 참조.

42 IRENÄUS VON LYON, *Adv. haer.* IV, 19. 하느님 중심 사상과 인간 중심 사상의 내적 일치는 특히 E. LENGELING, "Liturgie", in: *Handbuch theologischer Grundbegriffe (HThG)* II, 81ff.88ff에서 강조되고 논증되었다.

43 H. CONZELMANN, *a.a.O.*, 403.

44 참조: O. CASEL, "Zur Epiklese", in: *Jahrb. Lit.* 3 (1923) 100-102; DERS., "Neue Beiträge zur Epiklesenfrage", in: *ebd.* 4 (1924) 169-178; J.A. JUNGMANN, "Missarum Solemnia", Bd. 2, 238ff; J. BETZ, "Die Eucharistie in der Zeit der griechischen Väter", Bd. I/1, 320-346; J.P. DE JONG, "Epiklese", in: *LThK*² III, Sp. 935-7.

45 J. BETZ, *a.a.O.*, 319.

46 H. BEYER, *a.a.O.*, 752ff; L. LIES, *Wort und Eucharistie*, 61f.

47 J.A. JUNGMANN, "Von der 'Eucharistia' zur 'Messe'", 37. 전체 맥락과 관련하여 오리게네스에서도 이런 의미가 등장한다. 참조: L. LIES, *a.a.O.*, 261ff.294ff

48 J.A. JUNGMANN, *a.a.O.*, 38; DERS., "Zur Bedeutungsgeschichte des Wortes 'Missa'", in: DERS., *Gewordene Liturgie*, Innsbruck - Leipzig 1941, 34-52; 다른 해석: J.J. VON ALLMEN, *a.a.O.*, 120f 참조.

49 J.A. JUNGMANN, *a.a,O.*, 39.

50 참조: Lima-Erklärung *Taufe, Eucharistie und Amt*, Frankfurt - Paderborn 1982, 18f; U. KÜHN, *a.a.O.*, 197.

51 E. KÄSEMANN, "Anliegen und Eigenart der paulinischen Abendmahlslehre", in: DERS., *Exegetische Versuche und Besinnungen*,

Bd. 1, Göttingen 1960, 11-33; 참조: P. Neuenzeit, *a.a.O.*, 48f. 185f.

52 H.R. Schlette, *Kommunikation und Sakrament* (QD 8) Freiburg - Basel - Wien 1960.

53 J. Betz, *a.a.O.*, 328ff.

54 특히 J. Meyendorff, "Zum Eucharistieverständnis der orthodoxen Kirche", in: *Conc* (D) 3 (1967) 291-294 참조.

55 J.J. von Allmen, *a.a.O.*, 32ff.

56 O. Casel, "Die *Logiké thysia* der antiken Mystik in christlich-liturgischer Umdeutung", in: *JLW* 4 (1924) 37-47.

57 F. Hauck, "κοινωνός", in: *ThWNT* III, 798-810; P.C. Bori, *KOINΩNIA. L'idea della comunione nell'ecclesiologia recente e il Nuovo Testamento*, Brescia 1972.

58 Augustinus, *In Ioannis Evangelium*, tr.26, c.6 u.13. 이 표현은 교도직 문헌을 통해 널리 영향을 끼쳤다. 참조: DH 802, 1635; 「일치교령」 4항과 7항.

59 R. Guardini, *Besinnung vor der Feier der Heiligen Messe*, 2 Teil, Mainz ²1939, 73ff. 과르디니는 성찬례의 어떤 본질 규정도 시도하지 않았고(*ebd.* 75), 성찬례의 원천이자 전제인 봉헌의 특성에 대해서도 이의를 제기하지 않았다(*ebd.* 77). J. Pascher, *Eucharistia. Gestalt und Vollzug*, Münster 1947; Ders., "Um die Grundgestalt der Eucharistie", in: *Münchener Theologische Zeitschrift* (*MThZ*) 1 (1950) 64-75도 이와 유사한 입장이다. 당시 논쟁에 관해서는 Th. Maas-Ewerd, "Die Krise der Liturgischen Bewegung in Deutschland und Österreich. Zu den Auseinandersetzungen um die 'liturgische Frage' in den Jahren 1939 bis 1944" (*StPLi* 3)

Regensburg 1981, 특히 343-348 참조. 관련 논의는 이 장 각주 32
참조.

60 참조: H. SCHÜRMANN, "Die Gestalt der urchristlichen Eucharistiefeier".

61 참조: PLINIUS, *an Trajan* 10,9; JUSTIN, *Apologie* I, 67.

62 J.A. JUNGMANN, "'Abendmahl' als Name der Eucharistie", in:
ZKTh 93 (1971) 91-94.

63 P. NEUENZEIT, *a.a.O.*, 191ff; F. LANG, "Abendmahl und Bundesgedanke im Neuen Testament", in: *EvTh* 35 (1975) 524-538; V.
WAGNER, "Der Bedeutungswandel von berit hadascha bei der
Ausgestaltung der Abendmahlsworte", in: *ebd.* 538-552.

64 P. NEUENZEIT, *a.a.O.*, 201-219; E. SCHWEIZER, "$\sigma\tilde{\omega}\mu\alpha$", in:
ThWNT VII, 1065f; E. KÄSEMANN, "Das theologische Problem
des Motivs vom Leibe Christi", in: DERS., *Paulinische Perspektiven*, Tübingen 1969, 178-210.

65 AUGUSTINUS, *Sermo* 272.

66 H. DE LUBAC, *Corpus mysticum. Kirche und Eucharistie im
Mittelalter*, Einsiedeln 1969. 참조: A. GERKEN, *a.a.O.*, 122ff.

67 THOMAS VON AQUIN, *Summa theol* III, q.73, a.6: in hoc sacramento tria considerare possumus: scilicet id quod est sacramentum tantum, scilicet panis et vinum; et id quod est res et
sacramentum, scilicet corpus Christi verum; et id quod est res
tantum, scilicet effectus huius sacramenti; q.80, a.4: Duplex
autem est res huius sacramenti ··· una quidem quae est significata et contenta, scilicet ipse Christus; alia autem est significata et non contenta, scilicet corpus Christi mysticum, quod

est societas sanctorum.; q.60, a.3 sed contra; q.73, a.2 sed contra.

68 「전례헌장」 11항, 14항, 48항. 성체성사와 교회의 연관성에 대한 이 새로운 이해는 성체성사 중심적 교회론에 지대한 영향을 미쳤다. 성체성사 중심적 교회론은 보편 교회가 아니라 성찬례를 거행하는 지역 교회를 출발점으로 삼고, 보편 교회의 일치를 지역 교회들의 친교로 이해한다.

69 K. LEHMANN, "Persönliches Gebet in der Eucharistiefeier", in: *IKaZ* (1977) 401-406.

70 참조: H. SPAEMANN, *Und Gott schied das Licht von der Finsternis. Christliche Konsequenzen*, Freiburg - Basel - Wien 1982, 93-140.

71 J. MOLTMANN, *Kirche in der Kraft des Geistes. Ein Beitrag zur messianischen Ekklesiologie*, München 1975, 272f.285f.

72 "동시에 성찬의 빵을 나누는 성사로 그리스도 안에서 한 몸을 이루는(1코린 10,17 참조) 신자들의 일치가 표현되고 실현된다"(「교회헌장」 3항); "더 나아가 거룩한 모임에서 그리스도의 몸을 받아 모신 신자들은 이 지존한 성사로 적절히 드러나고 놀랍게 이루어지는 하느님 백성의 일치를 구체적인 방법으로 보여 준다"(「교회헌장」 11항).

73 가톨릭교회의 공식 가르침에 따르면 성체성사는 교회에서 합법적으로 축성된 사제만 베풀 수 있다. DH 802, 1752; 「교회헌장」 26항과 28항; 「일치교령」 22항. 참조: P. BLÄSER u.a., *Amt und Eucharistie* (KKSMI 10) Paderborn 1973; H. KÜNG, *Wozu Priester?*, Zürich - Einsiedeln - Köln 1971; E. SCHILLEBEECKX, *Das kirchliche Amt*, Düsseldorf 1981.

74 참조: G. WINGREN, "Abendmahl V. Das Abendmhal als Tisch-gemeinschaft nach ethischen Gesichtspunkten", in: *TRE* 1 (1977) 212-229.

75 G. WAINWRIGHT, *Eucharist and Eschatology*, New York 1981.

76 L. LIES, *Eulogia*, 94-97. 이 장 각주 32의 관련 연구 참조.

77 J. BETZ, in: *MySal* IV/2, 264f. 실체 변화에 대한 해석은 J. RAT-ZINGER, "Das Problem der Transsubstantiation und die Frage nach dem Sinn der Eucharistie", in: *ThQ* 147 (1967) 특히 152f 참조.

78 최초 수록: "Einheit und Vielfalt der Aspekte der Eucharistie. Zur neuerlichen Diskussion um Grundgestalt und Grundsinn der Eucharistie", in: *Internationale katholische Zeitschrift (Communio)* 14 (1985) 196-215. 재수록: W. KASPER, *Theologie und Kirche*, Mainz 1987, 300-320.

VI. 성체성사는 일치의 성사다

1 J. LÉCUYER, "Die liturgische Versammlung. Biblische und pa-tristische Grundlagen", in: *Conc* (D) 2 (1966) 79-87. A. SCHME-MANN, *The Eucharist. Sacrament of the Kingdom*, New York 2003, 11-26도 이런 입장을 강하게 부각시켰다. 서구 신학에 대한 그의 논박은 전통적 '교과서 신학'(Manualientheologie)에는 들어맞지만 스콜라 신학에는 결코 타당하지 않다.

2 W. BAUER, *Wörterbuch zum Neuen Testament*, Berlin 1958, 477f.

3 Augustinus, *In Ioan.* 26, 6,13.

4 DH 802.

5 「성체성사에 관한 교령」(DH 1635).

6 Thomas von Aquin, *Summa theol.* III, 73,6.

7 Thomas von Aquin, *Summa theol.* III, 73,5.

8 Thomas von Aquin, *Summa theol.* III, 73,3; IV Sent. d.45, q.2, a.3, qa. 1c.

9 Bonaventura, *Sent.* IV d.8, p.2, a.2, q.1; Thomas von Aquin, *Summa theol.* III, 73,6.

10 개관: P. Hadot / K. Flasch, "Eine (das), Einheit", in: *HWPh* II (1972) 361-377.

11 발출(Exitus)-회귀(Reditus) 도식에 관해서는 M. Seckler, *Das Heil in der Geschichte. Geschichtstheologisches Denken bei Thomas von Aquin*, München 1964 참조.

12 W. Welsch, *Unsere postmoderne Moderne*, Weinheim 1987.

13 E. Käsemann, *Exegetische Versuche und Besinnungen*, Bd. 1, Göttingen 1960, 214-223 und Bd. 2, Göttingen 1964, 262-267.
캐제만은 신약성경 속의 다양한 교회론적 개념들을 고찰했다. 아무리 이런 다원성이 반박될 수 없다 해도, 1세기의 차이들을 16세기 이래 전혀 새로운 전제하에 대두된 (다양한 종파의) 차이들과 같은 선상에서 이해하는 것이 방법론적으로 용인되는지는 의문이다. 종파의 형성은 특히 종교개혁 이후 근대적 상황 속에서 비로소 가능했던 역사적 현상이다. 더구나 이미 신약성경, 특히 사도행전과 사목 서간들에 두드러지게 나타나는 사도 시대부터 후기 사도 시대까지의 발전은 간과되고 있다. 따라서, 초대교회의 상황과 문헌들에만 주로 의존하는 것은 문제다. 결론적으로, 신약성경의 다양한 문서들을 하나의 정경으로 집약하여 캐제만이 카리스마적 교회론으로 정립한 것에 항구적 권리를 부여한 것은 2~3세기 주교들이 기초를 놓은 교회였다.

14 H. DE LUBAC, "Pluralismus oder Harmonie?", in: *Quellen kirchlicher Einheit*, Einsiedeln 1974, 55-66.

15 GIANNI VATTIMO (1936~): 이탈리아의 정치가이자 포스트모더니즘을 대변하는 현대 철학자. 인간의 '나약한 사유思惟'를 부각시킴으로써 니체의 허무주의를 뒤따르고 있다고 평가받는다 ― 역자.

16 그 밖에도 마태 8,11; 마르 13,27; 요한 11,51 이하; *Didache* 10,5; *1Clem.* 29,1-30; 59,3f.

17 W. KASPER, *Jesus der Christus*, Mainz 1974, 83-103.

18 Y. SPITERIS, *Ecclesiologia ortodossa*, Bologna 2003에 따르면, 현대 동방정교회의 교회론에는 두 가지 경향이 있다. 하나는 교회와 전례를 원형론적(protologisch) 관점에서 **선재하는** 천상교회의 이콘(모상)으로 이해하려는 경향(I. KARMIRIS)이요, 다른 하나는 교회와 전례를 **종말에 이르러** 실현되는 천상교회의 지상적 이콘으로 보는 경향(J. ZIZIOULAS)이다. 방식은 달라도 이 두 경향 모두 우주적 차원을 지향한다.

19 J. RATZINGER, *Der Geist der Liturgie*, Freiburg i. Br. 2000, 20-29.

20 P. TEILHARD DE CHARDIN, *Lobgesang des Alls,* Olten - Freiburg i. Br. 1961, 13-42.

21 G. VON RAD, *Theologie des Alten Testaments*, Bd. 1, München 1969, 275-285. 폭넓은 현상학적 · 해석학적 맥락은 P. RICOEUR, *Symbolik des Bösen. Phänomenologie der Schuld* II, Freiburg - München 1971 참조. 신학적 해석은 W. KASPER, *a.a.O.*, 140-144.254-269 참조.

22 자주 비난받은 캔터베리의 안셀무스의 '대리 보상 이론'(Satisfak-
tionstheorie)도 이런 의미에서 이해될 수 있다. 보상은, 진노하신 하
느님의 징벌하시려는 마음을 달래려는 것이 아니다. 죄 때문에 훼손
된 질서를 회복하고 평화와 화해의 새 질서를 세우려는 것이다.

23 오랫동안 잊혀졌던 이 진리를 B. POSCHMANN과 K. RAHNER 등이
초대교회의 정신에서 재발견하여 정리했다.

24 「일치교령」 6항 이하; 요한 바오로 2세 회칙 「하나 되게 하소서」 15
항 이하, 21항, 30항, 34항 이하.

25 D. BONHOEFFER, *Nachfolge*, München 1971, 13f.

26 A. VON HARNACK, *Das Wesen des Christentums* (Gütersloher
Taschenbücher 227) Gütersloh 1977, 43.

27 IGNATIUS VON ANTIOCHIEN, *Ad Eph.* 5,2f; 13,1; *Ad Philad.* 6,2;
Ad Magn. 7,1f. 참조: J. LÉCUYER, *a.a.O.*, 83.

28 특히 W. SCHRAGE, *Der erste Brief an die Korinther* (EKK VII/
2), Solothurn - Neukirchen 1955, 430-442 참조.

29 CYPRIAN, *Ep.* 69,5,3; AUGUSTINUS, *Sermo* 272.234; 참조: H. DE
LUBAC, *Katholizismus als Gemeinschaft*, Einsiedeln 1943, 79-
99.

30 AUGUSTINUS, *In Ioan.* 26,6,13; THOMAS VON AQUIN, *Summa
theol.* III, 73,6. 참조: 「전례헌장」 47항; 「교회헌장」 3항, 7항, 11항,
26항 등.

31 AUGUSTINUS, *C. Faustum* 12,20; *Sermo* 57,7.

32 LEO DER GROSSE, *Sermo* 63,7. 「교회헌장」 26항에서 재인용.

33 H. DE LUBAC, *Corpus mysticum*. L'Eucharistie e l'Église au
Moyen Age, 2e édition, Paris 1949.

34 MARTIN LUTHER, *Ein Sermon von dem hochwürdigen Sakra-*

*ment des heiligen wahren Leichnams Christi und von den Bru-
derschaften*, Weimarer Ausgabe Bd. 2, 742-752.

35 H. DE LUBAC, *Betrachtung über die Kirche*, Graz 1954, 97-106.

36 Suppl. 7,2.

37 「교회헌장」11항과 26항; 「주교교령」30항; 「사제생활교령」5항.

38 THOMAS VON AQUIN, *Summa theol.* III, 83,4.

39 「교회헌장」3항, 7항, 11항, 17항, 26항; 「일치교령」2항, 15항; 「주교교령」30항.

40 H. DE LUBAC, "Einzelkirche und Ortskirche", in: *Quellen kirch-licher Einheit*, 43-54.

41 개념 정립: L. HERTLING, *Communio und Primat*, Rom 1943; W. ELERT, *Abendmahl und Kirchen-Gemeinschaft*, Berlin 1954. 동방정교회: A. AFANESIEV, J. MEYENDORFF, A. SCHMEMANN, J. ZIZIOULAS 등; 가톨릭교회: H. DE LUBAC, Y. CONGAR, J. HAMER, M.J. LE GUILLOU, J.M.R. TILLARD, P. FRANSEN, J. RATZINGER, O. SAIER, E. CORECCO, P.W. SCHEELE, W. KASPER, M. KEHL, B. FORTE, G. GRESHAKE, J. HILBERATH 등.

42 Y. CONGAR, "De la communion des Églises à une ecclésiologie universelle", in: *L'épiscopat et l'Église universelle*, Paris 1962, 227-260.

43 「전례헌장」26항; 「교회헌장」23항; 「주교교령」11항.

44 MEYER-STRATHMANN, "$\lambda\epsilon\iota\tau o\upsilon\rho\gamma\acute{\epsilon}\omega$", in: *ThWNT* IV, 221-239; P.G. MÜLLER, "Kollekte I", in: *LThK* VI (^{3}1997) 181.

45 L. BOUYER, *Die Kirche*, Bd. 1, Einsiedeln 1977, 33f.

46 요한 바오로 2세 회칙 「하나 되게 하소서」9항.

47 「하나 되게 하소서」9항과 20항 참조.

48 「하나 되게 하소서」 7항 참조.

49 교회법 844조 참조; 「교회일치운동에 관한 원칙과 규정 해석을 위한 교령」(*Direktorium zur Ausführung der Prinzipien und Normen über den Ökumenismus*, 1993), 130f; 훈령 「구세주의 성사」 (*Redemptoris sacramentum*) 84.

50 「하나 되게 하소서」 46항; 「교회는 성체성사로 산다」 46항.

51 이것이 토마스 아퀴나스가 말하는 법률적 '관해'寬解(Epikie)의 의미로, 이른바 더 높은 차원의 정의다. *Summa theol.* II/II, q.120 참조.

52 「교회헌장」 8항; 「일치교령」 4항; 「하나 되게 하소서」 10항.

53 IRENÄUS VON LYON, *Adv. haer.* III, 24,1.

54 「하나 되게 하소서」 18항.

55 「하나 되게 하소서」 34항.

56 「하나 되게 하소서」 28항과 57항.

57 J. RATZINGER, "Eucaristia e missione", in: *La communione nella Chiesa*, Milano 2004, 93-128.

58 Y. CONGAR, *Diversités et communion*, Paris 1982, 243f.

59 「하나 되게 하소서」 5항.

역자 후기

이 책은 우리가 궁금해하는 많은 문제에 대답합니다. 왜 우리가 주일 미사에 빠지지 말아야 하는지? 왜 (장례미사를 포함한) 모든 미사가 엄숙하면서도 기쁨으로 채워져야 하는지? 왜 본당 안에서 같은 시각에 미사 외에 다른 활동이 중지되어야 바람직한지? 왜 본당만이 아니라 교회일치운동이나 선교 활동 등 교회의 모든 주요 행사가 미사를 중심으로 진행되어야 하는지? 왜 미사를 집전하는 사제가 그렇게 소중한지? 오늘날 여전히 기적을 바라는 우리에게 '미사'보다 더 큰 기적이 없다고 말할 수 있는지?

이 모든 물음은 '도대체 성체성사가 무엇인가?'라는 물음으로 집약될 수 있습니다. 주님의 최후 만찬으로부터 비롯된 이 성체성사는 분명 제사이며 잔치입니다. 최후 만찬 직후 수난과 죽음이 이어졌던 것처럼 성체성사는 주님께서 손수 바치신 ‘봉헌’을 기억하는 제사인 동시에 그로써 얻으신 부활을 기념하는 감사의 축제입니다. 그리스도의 이 자기희생은 하느님 아버지를 향한 것이었습니다. ‘하느님 나라’를 선포하는 데 삶을 바치신 만큼 십자가 상의 죽음은 그에 따른 결과였습니다. 주님의 부활은 그 같은 봉헌에 대한 하느님 아버지의 응답이요, 우리에게는 완성된 구원의 증표입니다. 그래서 이 모든 것에 대한 ‘아남네시스’(기억/기념)는 우리의 신앙을 진작시키기에 넉넉합니다. 더욱이 주님의 희생은 우리에게 하느님 나라를 위해 준비시키시는 성령과의 만남을 성사시켜 주었습니다. 그래서 미사는 또한 ‘파라클레시스’(성령 청원 기도)요 ‘마라나 타!’(주님, 어서 오십시오!)를 외치는 종말론적 잔치입니다. 그렇게 우리는 미사를 통해 일상을 살아가면서 더 이상 일상에 안주하지 않고 완성된 종말을 희망하는 힘을 얻어야 합니다. 빵과 포도주를 나누는 미사 안에는 교회가 유지되고 성장하는 원천적인 힘이 있습니다. 우리가 서로 나누는 ‘하나의 빵과 같은 잔’은 언제든지 개별 신앙인의 정체성(인격적 일치)만이 아니라 신앙 공동체의 일치, 나아가 교파 및 종파 간의 일치의 근간이 됩니다. 거기서 우리가 나누는 ‘평화의 인사’, 그 본래적 의미가 확인됩니다. 더 이상 교회 안팎으로 대립을 조장하거나 분열에 가담해서는 안 됩니다.

그 어떤 것과도 비교될 수 없을 만큼 중대한 구원과 일치의 성사로서 '미사'를 교회의 사제에게 위임했다는 점 또한 깊이 새겨야 할 일입니다. 아직까지 주님을 확인하지 못했다면, 미사 중에 빨리 그분을 알아보아야 할 것입니다. 엠마오로 가는 길에서 마침내 주님을 알아볼 수 있었던 한 가지 뚜렷한 증표가 바로 '빵을 나누시는 행위'였다면, 먼저 사제가 미사를 통해 보여 주어야 할 것이 무엇인지, 그로부터 신앙인 각자가 되새기고 몸소 행해야 할 것이 무엇인지, 분명합니다.

모든 그리스도인이 이 책을 통해 미사의 풍요로운 은총을 깨달을 수 있었으면 합니다.

2013년 성령 강림 대축일 아침

조규만 · 조규홍

색인 성경

발터 카스퍼 추기경WALTER KARDINAL KASPER

1933. 3. 5	출생
1957. 4. 6	로텐부르크 주교좌 성당에서 사제 수품
1964	뮌스터 대학교 교의신학 교수
1970	튀빙겐 대학교 교의신학 교수
1972~1975	뷔르츠부르크 시노드에서 활동
1979	교황청 그리스도인일치촉진평의회 자문위원, 세계교회협의회 산하 신앙직제위원회 가톨릭교회 대표
1985	『가톨릭교회 성인 교리서』 1권 주저자
1989~1999	주교 수품, 로텐부르크-슈투트가르트 교구장
1999	교황청 그리스도인일치촉진평의회 사무총장, 그리스도인일치촉진평의회 산하 유다교위원회 부위원장
2001	추기경 서임, 교황청 신앙교리성·동방교회성 소속으로 그리스도인일치촉진평의회 의장, 유다교위원회 위원장
2005	주교 대의원 회의 상임위원
2010	그리스도인일치촉진평의회 의장 사임

튀빙겐 대학교 명예박사·명예교수. 하이델베르크 학술원, 유럽 학술원과 예술원 회원. 독일 연방 1급 공로 십자훈장(1987), 바덴뷔르템베르크 주 공로 훈장(1998), 독일 주교회의 보니파티우스 메달(1999), 독일연방공화국 공로 훈장 및 휘장(2004).

주요 저서

- *Das Absolute in der Geschichte. Philosophie und Theologie der Geschichte in der Spätphilosophie Schellings*, Mainz 1965
- *Glaube und Geschichte*, Mainz 1970.
- *Einführung in den Glauben*, Mainz 1972
- *Jesus der Christus*, Mainz 1974
- *Zur Theologie der christlichen Ehe*, Mainz 1977
- *Der Gott Jesu Christi*, Mainz 1982
- *Theologie und Kirche* I, Mainz 1987
- *Theologie und Kirche* II, Mainz 1999
- *Leadership in the Church: How the traditional roles can serve the Christian Community today*, New York 2003.
- *Wege in die Einheit. Perspektiven für die Ökumene*, Freiburg i. Br. 2005.
- Walter Kasper, Daniel Deckers, *Wo das Herz des Glaubens schlägt. Die Erfahrung eines Lebens*, Freiburg i. Br. 2008.
- *Die Tradition in der römischen Schule*, (WKGS 1), Freiburg i. Br. 2011.
- *Katholische Kirche. Wesen – Wirklichkeit – Sendung*, Freiburg i. Br. 2011.
- *Barmherzigkeit. Grundbegriff des Evangeliums – Schlüssel christlichen Lebens*, Freiburg i. Br. 2012.
- *Wege zur Einheit der Christen. Schriften zur Ökumene* I, (WKGS 14), Freiburg i. Br. 2012.